ながいき住宅™のレシピ

浅葉健介 著

セルバ出版

はじめに

省エネ住宅は長持ちしない？

「ヨーロッパでは家畜小屋以下」と言われて久しかった日本の住宅の温熱性能が、最近では世界に遅ればせながらやっと整ってきました。少ないエネルギーで、夏涼しく、冬暖かい住宅が、全国で手に入るようになってきたのです。

そんな最先端の省エネ技術を駆使した住宅でも、長持ちさせる技術についてはあまり考慮されていないことが多いような気がしています。

こんな話がありました。

床暖房のメーカーさんから、「シロアリについて教えてほしい」と呼ばれました。その床暖房は、省エネ効率がとてもよく、すこぶる快適なんだそうですが、その床暖房の仕様を見た多くのユーザーが、「この床暖房はシロアリに弱いのでは？」と指摘するのだそうです。そこで、専門家の意見を参考にして、「そんなことない！」と理論武装したいとのことでした。

その仕様を見せてもらいましたが、浅葉から見ても、めちゃくちゃシロアリのリスクが高い。食われないなんて理論武装は到底無理です。その旨を正直にお伝えすると、「そんなことない！」と。「これは輸入品で、本国ではとても売れているが、シロアリ被害は1件も報告されていない。だからシロアリに弱いわけがない！」と言うのです。まさかと思い確認したところ、そりゃ被害がないわけです。その本国とは、シロアリが生息していない寒い国でしたから。

ところ変われば虫変わる

同じことが、日本国内でも起こっています。

住宅の省エネルギー性能は、U_A値（外皮平均熱貫流率）などで定量的に表示されるようになって、数字勝負の様相です。それはそれでもちろんいいことなのですが、「他社に負けたくない！」「もっともっと！」と、例えば、割と暖かい地域なのに、北海道仕様の木造住宅を建ててしまうようなケースを最近たくさん目にするようになりました。

北海道は、寒いので、シロアリの活性が低く、何しろ住宅の燃費が重要課題。だから、ある程度シロアリリスクを犯してでも、超高性能な北海道仕様で建てられているのですが、それをシロアリ活性が高い本州以南で、何ら検討もせずにそのまま建ててしまっては、はっきり言って自殺行為です。

「いう」と「やる」とは大違い

こんな話もありました。

関東地方のとある工務店さんでは、省エネルギー性能を上げるために、基礎の外側に断熱材を設置する工法（基礎外断熱工法）を採用していました。基礎外断熱工法は、シロアリリスクがとても高く、シロアリの活性が高い地域で採用するには、「これでもか」の対策が必要になります。

その辺りを指摘しましたが、「この工法は、土壌のシロアリが断熱材に辿り着けないようなユニークなつくりになっているから大丈夫！」と、設計の方は自信満々。しかし、その断熱材からのシロアリ侵入が相次いでしまいました。シロアリは、１㎜ほどのすき間があれば入ってくることができます。設計上・理論上辿り着けないようになっていても、実際の現場では図面どおりに施工できない、できていないことも、これまたよくある話です。

「ながいき住宅™」とは

申し遅れました。ロングライフハウスコンサルタントの浅葉健介と申します。ホウ酸処理を中心に、〝すべての人が安全に、マイホームを長持ちさせる〟ために、日々活動しています。

人生で一番の大きな買い物であるマイホームを少しでも長持ちさせたいのは、すべての人の願いです。でも、マイホームを長持ちさせるために、大切な家族の健康を損なってしまったならば、それは本末転倒です。大切なのは、家族の健康とマイホームの健康が両立すること。私たちは、それを「ながいき住宅™」と呼んでいます。

そんな私たちですが、シロアリ防除業界では、とても嫌われているんです。その理由は、本書でおいおい語っていきますが、とにかくシロアリ防除業界は「ホウ酸大っ嫌い」。

しかし、日本ボレイトのホウ酸処理「ボロンdeガード®」は、〝すべての人が安全に、マイホームを長持ちさせる〟ことが評価され、2018年のグッドデザイン賞受賞を皮切りに、ウッドデザイン賞、キッズデザイン賞、エコプロアワード奨励賞、さらには、シロアリ対策お客さま満足度第一位、医師が選ぶシロアリ対策第一位と、様々な賞をいただくことができました。

業界の暗闇で叩かれていた異端児が、〝業界の外側〟から「受賞」という光をたくさん当ててもらえるようになり、やっと表舞台に立つことができるようになった。ホウ酸処理が選ばれるようになってきた。最近ではそんな感があります。

ただし、ホウ酸処理のシェアは、まだ3％に満たない（2021年現在）と考えられています。もっともっと頑張らないとですね！

ホウ酸認定から10年

1990年代後半、防腐防蟻分野において、合成殺虫剤処理による鎖国を続けてきた日本に、ついにホウ酸を積んだ黒船がやってきました。欧米の文化を入れまいと、業界は激しく抵抗しましたが、2011年9月、ついに開国！　ホウ酸系防腐防蟻薬剤が日本木材保存協会の認定を取得しました。

時期を合わせて2011年10月、ホウ酸系防腐防蟻薬剤認定の立役者であり、浅葉の師匠である荒川民雄先生を会長に迎えて、東京・錦糸町で日本ボレイト株式会社をスタートしました。そして、荒川先生と浅葉が考えに考え抜いて設計したホウ酸処理「ボロンｄｅガード®」は、その後10年の歳月をかけてどんどん磨き上げられていきました。

本書の目的

本書では、そんな浅葉が、安全にマイホームを長持ちさせたい方（これから建てられる方も、いまお住まいの方も）が、知っておくべきこと、やるべきこと、やってはいけないことをなるべくわかりやすく、一気にお読みいただけるようにまとめました。

ポイントポイントには、YouTube動画のＱＲコードをつけてありますので、スマホを片手に、動画と合わせて読み進めていただくと、より理解が深まると思います。

また、工務店さんやリフォーム屋さんと打合せしやすいように、本書のタイトルでもある「ながいき住宅™のレシピ」を印刷できるようにしました。こちらもぜひ積極的にご活用ください。

そして、わからない点は、そのままにせず、日本ボレイト公式ＬＩＮＥまで質問をお寄せください。

豊かな暮らしを実現するために、「ながいき住宅™のレシピ」を理解し、実践し、大切な家族の健康を害することなく、すてきなマイホームを1年でも1月でも1日でも長持ちさせましょう！

浅葉　健介

２０２1年9月

住まい手のお嬢さまたちからいただいたお手紙

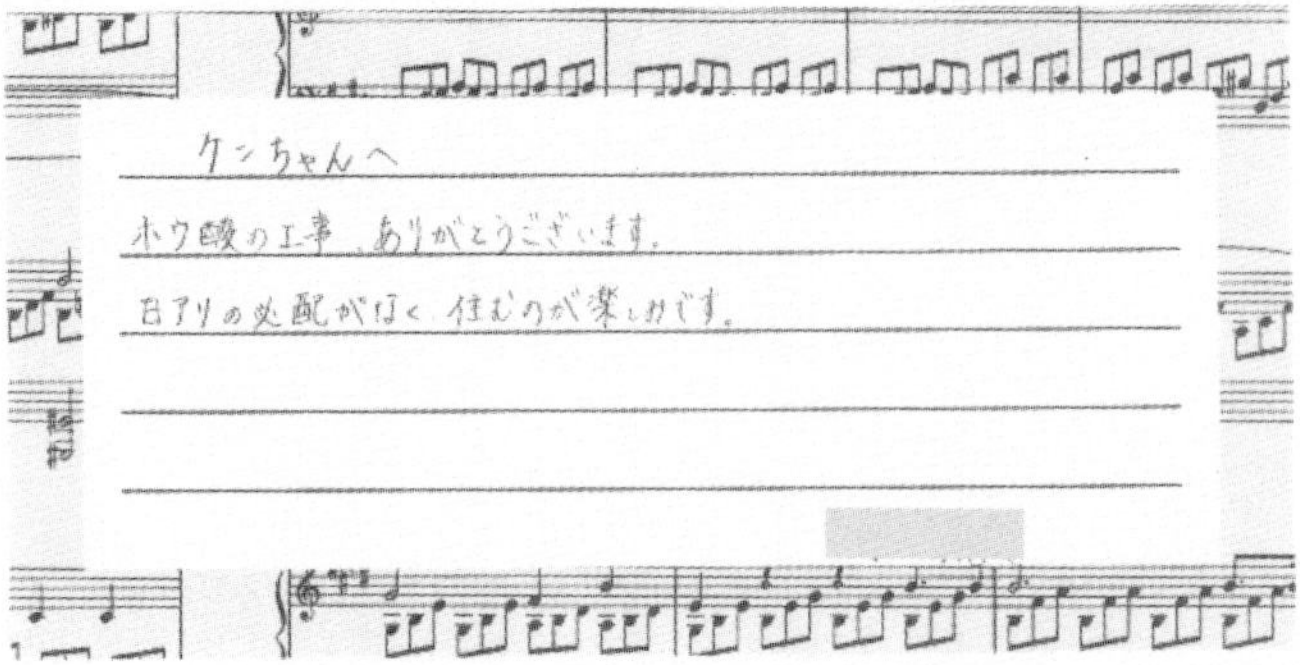
ケンちゃんへ
ホウ酸の工事、ありがとうございます。
白アリの心配がなく、住むのが楽しみです。
[redacted]

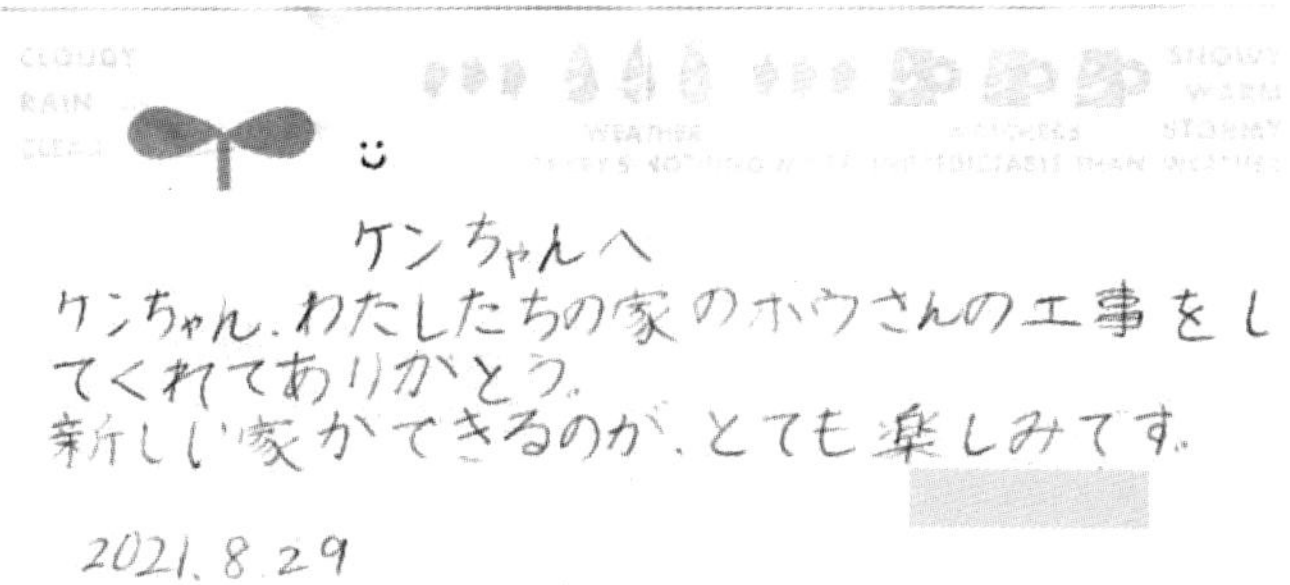
ケンちゃんへ
ケンちゃん、わたしたちの家のホウさんの工事をしてくれてありがとう。
新しい家ができるのが、とても楽しみです。
[redacted]
2021.8.29

■用語について

専門用語について、本書では次のように定義します。

【登場人物・会社】

・住まい手…これからマイホームを建てる人、マイホームに住んでいる人
・住宅会社…家を建てて、販売する会社の総称
・工務店…比較的小規模の住宅会社
・ハウスメーカー…大手の住宅会社
・パワービルダー…大手の建売住宅会社
・ホウ酸処理業者…主にホウ酸処理を行うシロアリ防除業者
・合成殺虫剤業者…主に合成殺虫剤処理を行うシロアリ防除業者

【防腐防蟻処理】

・防腐処理…木材を腐らせないようにする処理
・防蟻処理…木材をシロアリに食べられないようにする処理
・防腐防蟻処理…防腐処理と防蟻処理を合わせた呼び方
・ホウ酸処理…ホウ酸系防腐防蟻薬剤を使う防腐防蟻処理
・合成殺虫剤処理…農薬系防腐防蟻薬剤を使う防腐防蟻処理

【薬剤】

・防腐防蟻薬剤…防腐防蟻処理につかう薬剤
・ホウ酸系防腐防蟻薬剤…有効成分がホウ酸である防腐防蟻薬剤
・農薬系防腐防蟻薬剤…有効成分が農薬登録されている防腐防蟻薬剤

【ホウ酸】

・ホウ酸…（本書では）ホウ酸塩のこと　※厳密には違います
・ホウ酸塩…ホウ素化合物すべて、ボレイト（Borate）
・ホウ素…原子番号5の元素、B、ボロン（Boron）

ながいき住宅™のレシピ　目次

第2章　合成殺虫剤とホウ酸

第3章　木造住宅の木材劣化生物対策

第4章 ボロンdeガード®

第5章　ながいき住宅™ Q&A

第1章　木材と木材を食べる生き物

まず、はじめに、木造住宅の骨である木材とはどんなものなのか、そして、その骨の健康を脅かす生き物について解説していきます。

1　木造住宅

木造住宅とは、骨（構造材）が木材でつくられている住宅です。日本人は、古より好んで木造住宅に住んできました。

木造住宅が好まれるのは、昔から日本人に馴染みがあって、木の香り、そして見た目の美しさで癒やされ、リラックスできる人が多いからなのでしょう。

また、木造住宅は、日本の四季の温度変化や湿度の高い気候にうまくマッチし、さらにデザインや間取りの自由度が高く、必要なときにリフォームや増改築をすることで、長く住むことができるのが魅力です。

わが国で建てられている一戸建てのまさに9割が木造ですが、そもそも木材とはどのようなものなのでしょうか。

長持ちする素材

樹木は、葉っぱの葉緑体が、光のエネルギーを利用して、空気中から吸収した二酸化炭素（CO_2

を炭素（C）と酸素（O_2）に分離し、そのうちの炭素と根から吸い上げた水を化合して、炭素と水の化合物である「炭水化物」を生成し、余った酸素を吐き出しています。これが小学生のときに理科の授業で習った「光合成」ですよね（図表１）。

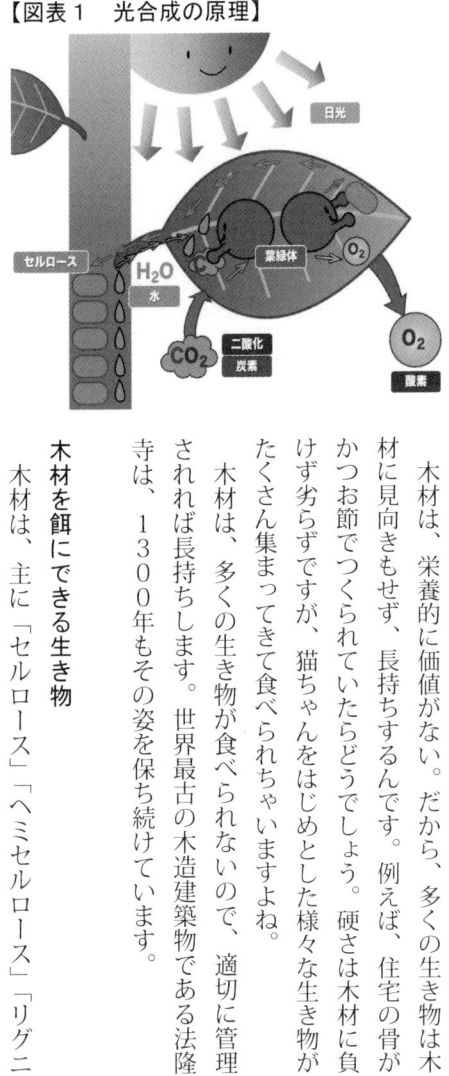

合成された炭水化物「セルロース」は、木材の主成分です。炭水化物と聞くと、食べられそうだし、何だか太りそうですが、セルロースは食物繊維なので、多くの生き物はセルロースをエネルギーに変えることができません。

【図表１　光合成の原理】

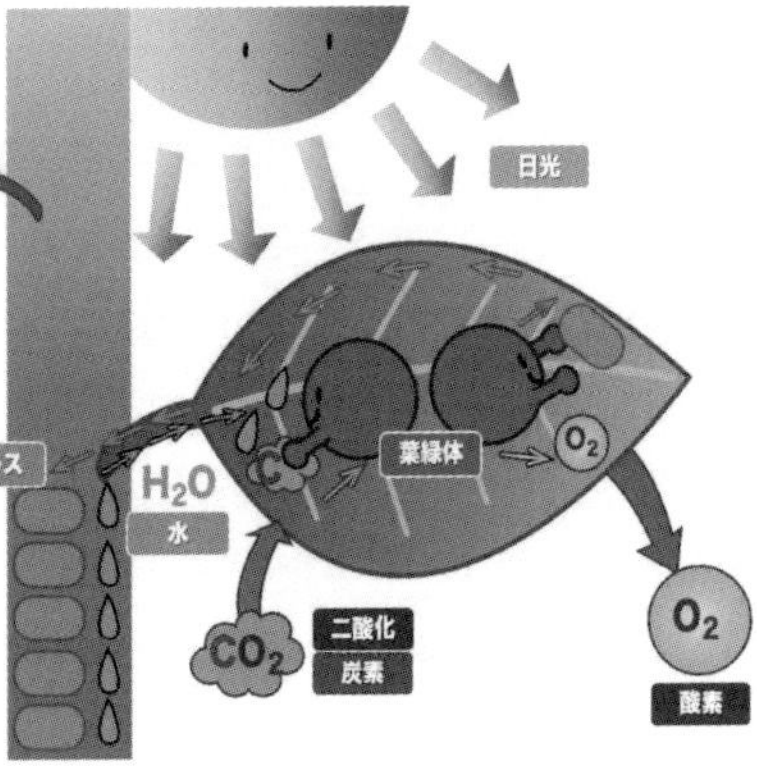

木材は、栄養的に価値がない。だから、多くの生き物は木材に見向きもせず、長持ちするんです。例えば、住宅の骨がかつお節でつくられていたらどうでしょう。硬さは木材に負けず劣らずですが、猫ちゃんをはじめとした様々な生き物がたくさん集まってきて食べられちゃいますよね。

木材は、多くの生き物が食べられないので、適切に管理されれば長持ちします。世界最古の木造建築物である法隆寺は、１３００年もその姿を保ち続けています。

木材を餌にできる生き物

木材は、主に「セルロース」「ヘミセルロース」「リグニ

【図表２　キノコとシロアリの餌】

ン」で構成されています。樹種によってその割合は変わりますが、セルロースはおよそ50％、ヘミセルロースは20〜30％、リグニンも20〜30％％ほどです。鉄筋コンクリートで例えると、セルロースは鉄筋、ヘミセルロースは鉄筋を結ぶ針金、リグニンはコンクリートのような働きをしています。強そうですよね。

多くの生き物は、そんな木材を食べることができませんが、わずかながら木材を餌にすることができる生き物がいます。その中でも食べるスピードが猛烈に速いのが、木材腐朽菌（キノコ）とシロアリです。地球上で最も多く存在する炭水化物であるセルロースは、多くの生き物が食べないのでなかなか分解されませんが、腐ったり、シロアリに食べられたりして土に還っています。

枯れ木と同じ成分でつくる住宅

人間がこの地球に生まれるはるか昔から、キノコとシロアリは枯れ木や倒木を食べ、土に還していました（図

表2)。そこに人間が誕生し、枯れ木と同じ成分である「木材」で家を建て始めました。キノコやシロアリには、枯れ木と木造住宅の区別はつきません。そりゃあ食べますよね！

では、どれだけの木造住宅に腐朽やシロアリ被害があるのでしょうか。

日本長期住宅メンテナンス有限責任事業組合の国土交通省補助事業「シロアリ被害実態調査報告書」（２０１３年）によると、調査を行った５３２２件の木造住宅のうち１５２２件（28・６％）に生物劣化（カビ、腐朽、蟻害）が発生していたとのこと。およそ3軒に1軒です。

また、アットホーム株式会社のプレスリリース（２０１６年7月29日）によると、新築一戸建て購入後30年以上住んでいる４９５名に行った調査で、「自宅がシロアリの被害にあったことがある」と回答した人は１２２名（24・６％）であったとのこと。およそ4人に1人です。

これらの調査結果から、木造住宅にとって腐朽やシロアリ被害は、決して対岸の火事ではないと言えます。

2　木が腐る

木は、腐るとぼろぼろになって強度が低下します。これは、木材腐朽菌（キノコ）という生き物が木材を分解している現象です。

「木が腐る＝キノコが木を食べている」、まずこんなイメージをしておいてください（図表3）。

木が腐る4要素

空気中にたくさん漂っている木材腐朽菌（キノコ）の胞子は、①木材（栄養）、②水分、③温度、④酸素の4要素が揃うと木材を食べ始めます。

木材腐朽菌（キノコ）の胞子とこれらの4要素が揃うと腐り始め、どれか1つでも欠けると止まります。では、木造住宅の骨を食べさせないためにコントロールできるのはどれでしょう？

【図表3　切り株のカワラタケ】

木は濡れたら腐る

そう、コントロールできるのは「②水分」だけです。木造住宅の骨の場合、水分以外はすでに揃った状態なので、ただ水に濡れただけですべての要素が揃い、その状態が一定期間続くと木は腐り始めます。

木材を腐らせないためには、「水に濡らさない」ことと、「濡れてもすぐ乾く」ようにしておくことがとても重要です。

木造住宅の骨が水に濡れる原因は、雨漏り、水漏れ、結露です。雨漏りしないようにきちんと防水をして、もし濡れてもすぐ乾くようにきちんと通気を取り、結露しないように防湿や断熱気密をしっかりと行いましょう。

木材腐朽菌（キノコ）の種類

木造住宅の骨を食べる木材腐朽菌（キノコ）は、白色腐朽菌と褐色腐朽菌の２つに分類されます。対策は、どちらも「水に濡らさない」ことと、「濡れてもすぐ乾く」ようにしておくことです。

白色腐朽菌

白色腐朽菌は、リグニンを食べる木材腐朽菌（キノコ）です。褐色のリグニンを食べ、腐ったあとには白っぽいセルロースとヘミセルロースが残るので、「白色」腐朽菌と呼ばれます。

広葉樹が好きで、腐朽部は白っぽい繊維状になります。マイタケなど食用キノコの多くは白色腐朽菌です（図表４）。

褐色腐朽菌

褐色腐朽菌は、セルロースとヘミセルロースを食べる木材腐朽菌（キノコ）です。白色のセルロースとヘミセルロースを食べ、褐色のリグニンが残るので、「褐色」腐朽菌と呼ばれます（図表５）。

針葉樹が好きで、腐朽部は褐色のブロック状になります。

木造住宅の骨は、針葉樹材が多く、また、木材の大部分を占めるセルロース（鉄筋）とヘミセルロース（針金）を食べてしまうので、残るのは鉄筋の入っていないコンクリート同様。強度は著しく低下します。褐色腐朽菌は、木造住宅にとって恐るべきキノコです。

ナミダタケ事件

1970年代の北海道で、建てられたばかりの住宅の床が腐って落ちる腐朽案件が多数発生しました。犯人は「ナミダタケ」という褐色腐朽菌でした。

当時のオイルショックによって省エネが見直され、北海道では断熱材の厚みを増した「高断熱住宅」が建てられるようになったのですが、「高気密住宅」ではなかった。気密性を考慮されなかった低気密高断熱住宅は、壁や床で結露水が発生し、低温度を好むナミダタケが大繁殖しました。

【図表4　白色腐朽菌（マイタケ）】

【図表5　土台の褐色腐朽菌】

ナミダタケは、表面から涙のように水滴が垂れることからその名がつけられましたが、自ら菌糸を伸ばして、土壌から水分を吸い上げながら木材を食べていくという、とてもやっかいなキノコです。

断熱と気密は、セットで考えなければならないことは常識です。新築やリフォームをする際には、断熱性能だけでなく、必ず「気密性能」を確認するようにしましょう。

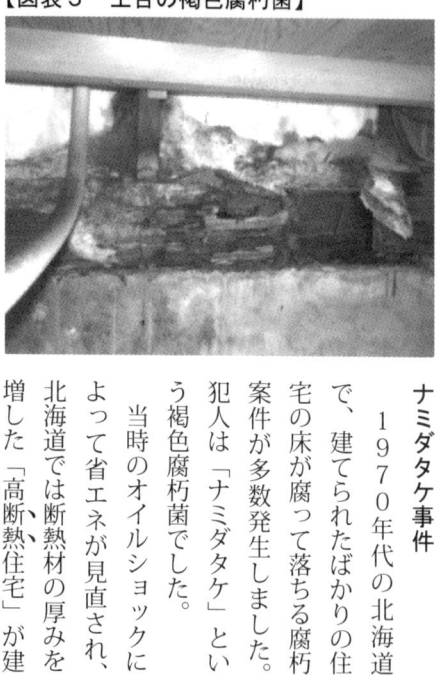

腐らせないためのポイント

木が腐るとは、木材腐朽菌（キノコ）が木を食べること。空気中にいる木材腐朽菌（キノコ）の胞子に4条件（木材、水分、温度、酸素）が揃うと木は腐り始める。木造住宅の骨を腐らせないためには、「濡らさない」ことと「濡れてもすぐ乾く」ようにすることが大切。

そんなお話をしてきました。

実は、もう1つ、木を腐らせない方法があります。それは、木材腐朽菌（キノコ）を殺すことです。木材腐朽菌（キノコ）がいなくなれば、食べる張本人がいなくなるので木は腐らないのです。

木材腐朽菌（キノコ）を殺すことができる薬剤を「木材防腐剤」と言います。木材防腐剤で処理された木材に、木材腐朽菌（キノコ）の胞子がついて、たとえ水に濡れて4条件が揃ったとしても、木材腐朽菌（キノコ）の胞子が死んでいるので木は腐らないのです。

木を腐らせない方法は、次の2つ。

① 水に濡らさない、濡れてもすぐ乾くようにする
② 木材防腐剤で処理する

【図表6　ＪＩＳ防腐試験
（京都大学生存圏研究所）】

ホウ酸も木材腐朽菌（キノコ）を殺す性能があるので、

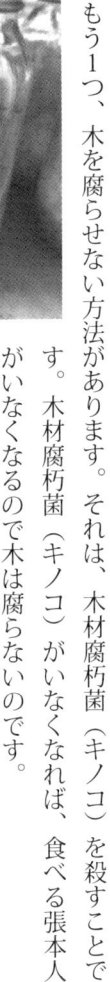

木材にきちんとした量のホウ酸があれば、その木は腐りません。

図表6は、京都大学生存圏研究所で行われたＪＩＳ防腐試験の様子です。向かって右の瓶には無処理材が、左の瓶にはホウ酸処理材が入っています。無処理材には白い菌がついて腐っていますが、ホウ酸処理材には菌がついていません。

どちらも木材腐朽菌（キノコ）の胞子に、木材、水分、温度、酸素が揃った環境ですが、ホウ酸処理材についた胞子は死ぬので腐らないんです。

動画で確認

動画①のＱＲコードは、木が腐ることについて、3分で解説しています。

【動画①　木が腐る】

3　シロアリ

シロアリは、今から3億年ほど前に地球に発生したと考えられている不完全変態昆虫です。そのライフサイクルは、図表7のとおりです。世界では約２８００種が見つかっていて、森の枯れ木や倒木を土に還す分解者として環境に貢献しています。

【図表7　シロアリのライフサイクル】

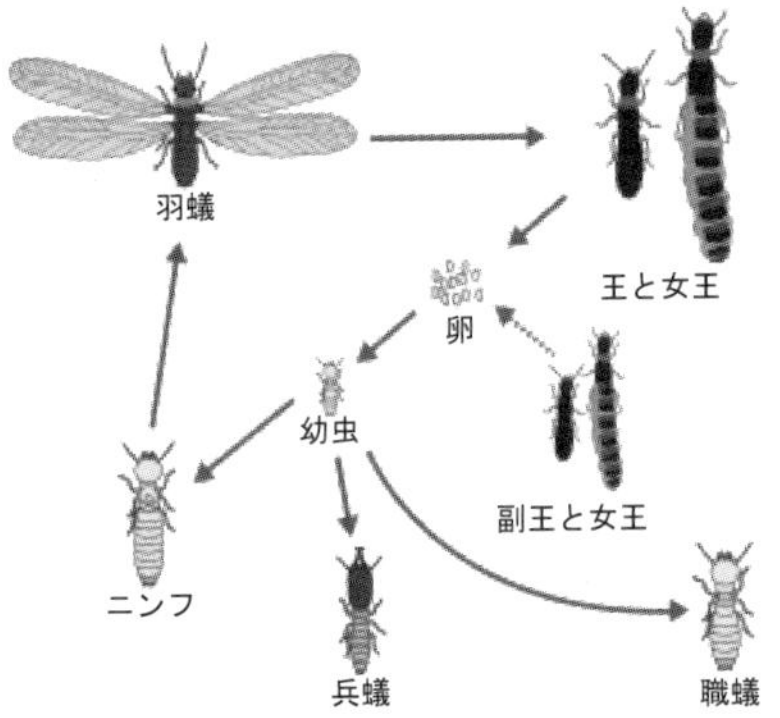

シロアリはゴキブリの仲間

「白い」「アリ」のような生き物なので「シロアリ」と命名されましたが、実はゴキブリの仲間です。英名は「Termite」で、「White ant」ではないんです。アリはハチの近縁で、シロアリにとっては仲間どころか天敵です。シロアリの巣を暴くとたいてい近くにアリがいて、逃げ惑うシロアリを咥えてどこかに連れていってしまいます。

シロアリは、卵から孵化するともう足が6本生えていて、蛹にならない原始的な昆虫です。これを「不完全変態昆虫」と言い、ゴキブリやカマキリ、バッタなども分類されます。

一方、アリやハチは、卵から孵化すると幼虫、蛹を経て成虫になる高等な完全変態昆虫です。

そんな原始的なシロアリですが、アリやミツバチのような高度な社会性を持っています（社会性昆虫）。

また、巣のほとんどを占める働きアリや、巣を守ることに特化した兵隊アリは、分類学的には幼虫で、ほとんどの個体が成虫（羽アリ）にはならずに一生を終えます。これを真社会性といいます。

さらに、シロアリは冬眠できないので、冬になると暖かいところに集まります。これもシロアリ対策において重要なポイントですので、覚えておいてください。

眼がない

シロアリは、暗い土壌の中に生息しているため、眼が退化しています。それでも巣をつくったり、女王や卵の世話をしたり、アリさん同士でこっつんこにならないのは、フェロモンでコミュニケーションを取っているからなんです。

シロアリ社会には、様々なフェロモンがあることが知られていますが、「道しるべフェロモン」がおもしろい。その名のとおり、道しるべになるフェロモンで、働きアリたちはそのフェロモンのラインを触角で確認しながら、そのとおりに進んでいきます。

あるボールペンには、道しるべフェロモンと似た成分が含まれてい

【動画②　線上のシロアリ】

て、シロアリは書いた線の上を道しるべフェロモンと勘違いして一生懸命歩きます。ちょっとかわいいですよ。

悲しき羽アリ

シロアリの羽アリは、生殖機能をもつ成虫です。複眼もできます。

ある時季になると、巣から大量の羽アリが飛び立ち（これを「群飛《ぐんぴ》」といいます）、暗く湿ったゴミゴミした環境から、さあいよいよ明るくさわやかな風が吹く外の世界へと飛び立つわけですが、そこは生態系ピラミッドを支える昆虫の悲しいところ。アリや爬虫類、鳥類に次々に食べられていきます。

危険をかいくぐって着地した羽アリは、身をよじって羽を落とし（切取線がついている！）、メスはおしりを上げて性フェロモンを放出。誘引されたオスがメスのおしりにくっついて歩き始めます（タンデム歩行）。

運よく生き延びて巣をつくることができれば、そのカップルは晴れて王と女王になりますが、最終的に生き残る確率は限りなくゼロに近いんです。

食物連鎖のスタート

シロアリは、お腹の中に原生生物を共生させることによって、多くの生き物が見向きもしなかった木材（枯れ木）を食べることができるようになりました。そして、アリなどの昆虫や爬虫類などに食べられていきます。

アリや爬虫類などは木材を食べることはできませんが、シロアリを食べることによって間接的に木材を食べていることになります。

シロアリは、多くの生き物が食べられなかった地球上に最も多く存在する炭水化物「セルロース」を動物性たんぱく質に変換し、食物連鎖に組み込んでいるのです！

シロアリって、生態系から見たら益虫なんですよね。公園や森の中でシロアリを見かけたら、決して殺したりせず、そっと元に戻してあげてください。

4　地下シロアリ

地下シロアリとは

地下シロアリとは、土壌に生息し、床下などに蟻道《ぎどう》と呼ばれるトンネルを伸ばしてアタックをかけてくるシロアリの総称です。

国内では、主にヤマトシロアリとイエシロアリが生息しています。生息、加害には充分な水分が必要なので、土壌に近いところから加害がはじまり、被害は家全体に及ぶこともあります。

【図表８　ヤマトシロアリ】

ヤマトシロアリ

ヤマトシロアリは、日本固有種のシロアリで、寒さに強く、北海道の一部を除く全国に生息するシロアリです（図表８）。

巣の大きさは、数万頭（シロアリは小さいくせに〝頭〟と数えます）で、特に水分があるところを加害しますので、雨漏りなどがあるとそこに集まり、水を辿って２階まで被害が及ぶことも多々あります。

羽アリは、ツツジが満開になるゴールデンウィーク前後、雨が上がって気温が上昇すると一気に数千頭が群飛します。

動画で確認

動画③のＱＲコードは、ヤマトシロアリの群飛映像です。虫嫌いの方は見ないほうがいいかも…。

イエシロアリ

イエシロアリは、外来種で、その加害力は「世界最凶」の一種とい

【動画③　ヤマトシロアリ群飛】

【図表９　イエシロアリの被害】

われているシロアリです。寒さには弱く、関東以西の暖かい地域に生息しています。土壌に塊状の本巣をつくり、住宅の壁などには分巣をつくって、ものすごいスピードで家全体を加害していきます（図表9）。

自ら水を運ぶ能力があり、土壌から離れた屋根裏の乾いた木材も濡らしながら食べてしまいます。兵隊アリは獰猛で、指を出すと噛みついてきて、額から白い粘液を出します（ヤマトシロアリの兵隊アリは粘液を出しません）。

羽アリは、6月から7月頃の夕刻、数千頭が群飛し、電灯に集まります（ヤマトシロアリの羽アリは電灯に集まりません）。

【動画④　イエシロアリの威嚇】

動画で確認

動画④のＱＲコードは、蟻道を壊されて威嚇するイエシロアリの兵隊アリ。カチカチ聞こえるのは警戒音です。

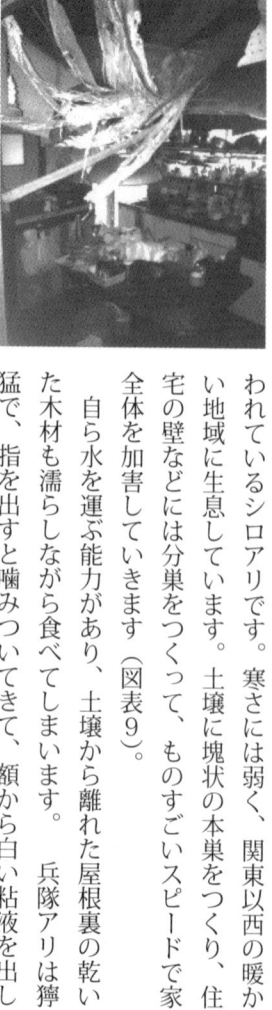

ヤマトシロアリとイエシロアリの見分け方

その被害がヤマトシロアリによるものなのか、イエシロアリによるものなのかを見極めることは、

【図表 10　ヤマトシロアリとイエシロアリの見分け方】

兵隊アリ

ヤマトシロアリ	イエシロアリ

頭が細長く、２頭身	頭が卵型で、３頭身
	額から粘液を出す

羽アリ

ヤマトシロアリ	イエシロアリ

体が黒く、胸の一部が黄色	茶色
羽はグレー	羽は透き通った白
ゴールデンウィーク前後 雨上がり	６～７月の夕暮れ以降 光に集まる

駆除を行う上でとても重要です。

見慣れた人であれば、働きアリでも見分けられますが、兵隊アリか羽アリで見分けたほうが間違いないでしょう。

図表10は、ヤマトシロアリとイエシロアリについて、兵隊アリと羽アリのそれぞれの見分け方を示しています。

5　乾材シロアリ

乾材シロアリとは

乾材シロアリとは、読んで字のごとく、乾燥材を食べるシロアリの総称です。乾燥材に含まれるわずかな水分だけで生きていくことができるので、土壌に近い部位にこだわらずに、家のどこにでも生息することができます。

なかなか被害に気づくことができず、やっと気づいたときには往々にして数十個もの巣ができていて、駆除は困難を極めます。

アメリカカンザイシロアリ

米国カリフォルニア州を中心に猛威をふるっている西部カンザイシロアリ（Western drywood

termite）で、「カリフォルニアの呪い」とも呼ばれているシロアリです。

日本では、１９７６年に東京都江戸川区で初めて発見されました。

そこから広がっていく一方で、同時に輸入材や輸入家具にくっついてどんどん国内に入ってきてしまい、さらに引越しなどの被害家具の移動によって、すでに日本全国に生息していると考えられています。

侵入経路

羽アリの侵入や被害木材の利用、被害家具の持込みなど、侵入経路は多岐にわたります。地下シロアリのように、土壌から蟻道をつくって侵入してくることはありません。

以前、荒川先生に「健さん、羽アリになったつもりで家の周りを見てごらん」と教わったことがあって、今でも意識して見るようにしていますが、入る隙間ってたくさんあるんですよね。その隙間については後で解説します。

ヒノキ大好き

高耐久樹種に分類されるヒノキですが、アメリカカンザイシロアリはむしろヒノキが大好きです。

地下シロアリは、ヒノキよりもマツやスギを好みますが、アメリカカンザイシロアリは逆で、マツやスギよりもヒノキを好みます。文献でもそのように紹介されていますが、実際の現場でヒノキ

【図表11　乾材シロアリの糞粒】

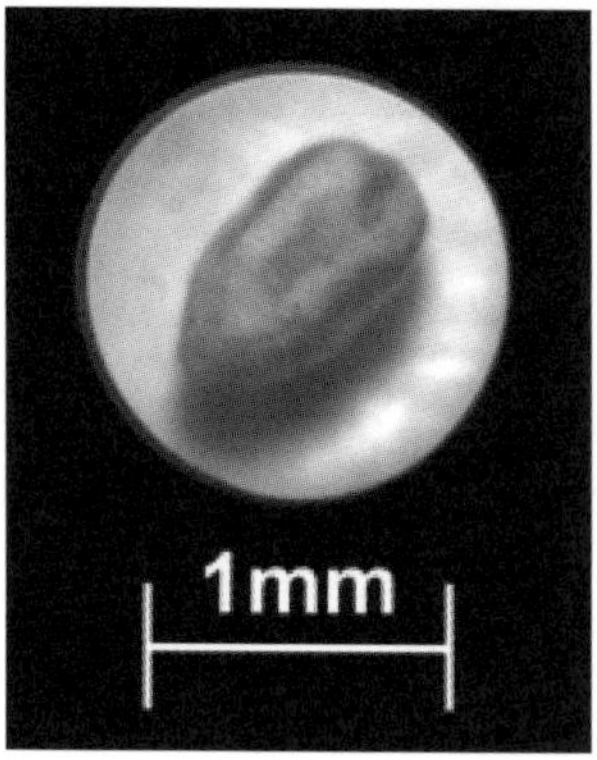

がべこべこに食べられている被害を何件も目にしています。

特徴的な糞粒

被害を知る決め手は、乾材シロアリが出す特徴的な糞粒です（図表11参照）。横に6本の筋が入っていて、長い辺が1㎜ほどの俵状の粒が積もっていたり、散らばっていたりしたら、乾材シロアリ生息の合図です。

米国での駆除方法

本場米国のアメリカカンザイシロアリ駆除方法は、家全体をガスを通さないシートで覆って、フッ化スルフリルというガス化した合成殺虫剤で24時間以上燻蒸する方法が一般的です。

ガスは、木材内部のアメリカカンザイシロアリの巣にも入り込み、シート内部のすべての生き物を死滅させます。

しかし、残効性がなく、中に人が入れるようになればシロアリも入れるようになりますので、定期的な処理が必要です。

日本のアメリカカンザイシロアリ被害は、住宅密集地で局地的に大発生しています。フッ化スルフリルは、日本でも死亡事故を起こしたことがある致死性のガスですので、住宅密集地での使用は難しく、あまり実施されていないのが現状です。

「この辺りにはいない」とは言えない

もともとは寒さに弱いシロアリですが、暖かい家の中に入ってしまえばぬくぬくと冬を越すことができます。２０２１年現在、被害が確認されている北限は盛岡市（岩手県）です。

しかし、きょうにも被害家具を持って引越ししてきたり、被害に遭っている輸入家具が納品されたりしているかもしれません。

持ち込まれてしまうと、被害は爆発的に広がる恐れがあります。すでに全国にいると考えて、対策を打っておいたほうが安全です。

被害事例

動画⑤のＱＲコードは、関東某所にある築古の木造住宅の小屋裏を調査しているところです。

音をたてて落ちているのがアメリカカンザイシロアリの糞粒で、これだけ糞粒が落ちてくるということは、それだけ木材がなくなっているということ。耐震性が相当低下しているのは間違いありません。

【動画⑤　乾材シロアリの被害】

6　生物劣化と耐震性

木材劣化生物

ここまで見てきた木材腐朽菌（キノコ）やシロアリなど、木材を食べる生き物を「木材劣化生物」と呼びます。

木材は、いろいろな要素で劣化していきますが、木材劣化生物が引き起こす生物劣化のスピードは極めて速く、容赦がありません。ここでは生物劣化に伴って低下していく耐震性について見ていきましょう。

阪神淡路大震災と腐朽・蟻害

1995年（平成7年）1月17日に近畿圏を襲った直下型地震は、住宅の全壊・半壊合わせて10万棟あまりという大災害になりました。死者のうち77％が倒壊した家屋などに胸や腹などを圧迫された窒息死だったそうです。

「兵庫県南部地震による木造家屋被害に対する蟻害・腐朽の影響」（宮野道夫・土井正、1995年）によると、神戸市東灘区および淡路島・北淡路町の一部を調査した結果、シロアリ被害・腐朽があった家屋のほとんどが全壊しており、「屋根葺材や建物用途などの家屋属性の影響よりも、蟻害・腐朽の有無が家屋被害度に大きく関与していることが明らかになった」と報告されています。

耐震性は木材が健康であることが大前提

新築住宅を建てるときは、必ず耐震性を考えますよね。でも、いくら耐力壁をつけても、耐震金物をつけても、制震ダンパーをつけても、その木材が腐っていたり、シロアリに食われていたりしたらどうでしょう。効きませんよね。

動画⑥のＱＲコードは、「wallstat®」という倒壊シミュレーションソフト（これからは必須！）です。木造住宅が２棟並んでいますが、どちらも許容応力度計算耐震等級３で設計されています。向かって左側の住宅の１階水周りにシロアリ被害が発生していると想定して、耐力を落としてありますが、そこに阪神淡路大震災の１２５％の地震動をぶつけて検証してみると、結果は歴然です。

【動画⑥　倒壊シミュレーション】

古い在来浴室にご用心

解体現場に立ち会われたことがある方ならおわかりだと思いますが、古い在来浴室の土台や柱の多くは腐ったり、シロアリに食われたりして〝溶けて〟います。まさに溶けたようになくなっているんです。

古い在来浴室とは、〝タイル張りの古いお風呂〟ってイメージしていただければわかりやすいと思いますが、古い在来浴室はまさに木材劣化生物の温床です。

・タイルの目地が割れて水が漏る→木材が濡れる→腐る→シロアリを誘引・侵入

・お湯を流す→排水桝や配管が温まる→冬眠できないシロアリが集まる→侵入

しかも、土壌がコンクリートで覆われずにむき出しだと、入って来るなというほうが無理というもの。わざわざ呼んでいるようなものなのです。

ユニットバスリフォームのすすめ

こういうことがありました。

関東某所、築30年ほどの古い木造住宅で、2階の廊下から羽アリが出たとのことで、当時現場に出ていた浅葉が床下に潜りました。コンクリートを打っていない土壌むき出しの床下でしたが、乾燥しており、カビ臭くもなく、蟻道もありませんでした。羽アリが出た2階廊下の真下は古い在来浴室。

在来浴室は、床下がないので潜っての目視はできませんでしたが、状況からおそらくこの在来浴室の中が食われていると推理しました。

浅葉は、住まい手に、「おそらく浴室が食われている。床下のホウ酸処理は後からでもできるので、その予算をまずユニットバスへのリフォームに回したらどうか」と提案しました。

旦那様は、定年退職されていると聞いていたので、「今さら」と躊躇されるかもしれないとも思ったのですが、奥様はずっと寒いお風呂が苦痛だったとのことで、ユニットバスリフォームが決まりました。

12㎝角の柱がキュウリの太さに

浅葉が信頼しているリフォーム業者さんをご紹介し、シロアリ駆除＋ユニットバスリフォームがスタートしました。しかし、浅葉は、内心どっきどき。もし、在来浴室を解体して木材が健全だったり、シロアリがいなかったりしたらとんだ推理ミスです。

解体の日、どきどきしながら現場に赴きました。浴室に行ってそっと柱を見ると健全なんです。いや、健全そうに見えたんです゛その柱を掴んだら、表面がパリパリ崩れ、中はボロボロ。キュウリほどの太さしか残りませんでした。

土台もボロボロで、腐朽もシロアリ被害もひどいものでした。住まい手にはホント申し訳なかったのですが、若干ほっとしたことを覚えています。

その後に襲った３・11

シロアリを駆除し、浴室の土壌に土間コンクリートを打ち、補強された柱や土台など木部全体にホウ酸処理を行い、ユニットバスを入れました。

ユニットバスは水が漏れないので、これで万全です。
その数か月後、東日本大震災が発生し、関東もかなり揺れました。だいぶ落ち着いたころだったと思いますが、奥さまからお電話をいただき、もしユニットバスリフォームしていなかったらと思うと恐ろしい。お風呂に入るときも寒くなくて満足していると、嬉しいご報告をいただきました。

予算があればまずユニットバスにリフォームを

古い在来浴室の場合、柱などは溶けていて、タイルの壁が支えているだけだと考えたほうが安全です。大きな地震があれば、タイルの壁が外れ（図表12）、2階が落ちてきます。そうなるともう住めません。

【図表12　地震で倒れたタイルの壁】

また、お風呂が寒いと、冬場に血圧が乱高下し、命のリスクに繋がります。「ヒートショック」と呼ばれている症状で、一説によると年間1万9000人もの方が浴室で亡くなっているとのこと。これは実に交通事故による死者数のおよそ5倍です。

お住まいのお風呂が古い在来浴室であるならば、耐震性を考えても、ヒートショックを考えても、まずユニットバスにリフォームすることをおすすめします。

【コラム】アメリカカンザイシロアリは不治の病？

シロアリは、木造住宅の「がん」と言われています。特に、アメリカカンザイシロアリは、厄介ながんです。糞粒が出るなどのサインに気づいて病巣の早期発見ができれば、治すのは割と簡単ですが、巣を放置してしまうと、そこから壁の中や天井裏など、天敵（免疫ともいえます）がほとんどいないところで羽アリが飛び、楽々ペアになった雌雄が新しい巣をつくる。いよいよ糞粒があちらこちらから出てきて、被害に気づいたときにはもう30個も40個も巣ができている。転移してしまっている。そんなイメージなんです。

しかも、日本にこの病気を治せる医者は、ほとんどいません。

シロアリ被害という病気の専門医といえばシロアリ防除業者ですが、そのほとんどは実際にアメリカカンザイシロアリを見たことがないでしょうし、ましてや駆除（治療）を行ったことがあるとなるとさらに少なくなります。

「これはアメリカカンザイシロアリですね。ウチでは対応できません」「ご愁傷さまです」。調査に来たシロアリ防除業者からこのような宣告を受け、ただただ途方に暮れたというお話を、何人からも聞きました。

さらに、「駆除（治療）ができます」というシロアリ防除業者もいるにはいるのですが、往々にして使う薬剤（薬）は住まい手の健康被害につながる恐れのある合成殺虫剤です。アメリカカンザイシロアリの駆除は、室内や、室内と縁が切れていない部位にも行うので、これではたまったものではありません。

こんな話がありました。

浅葉がまだ現場に出ていたときのこと。関東某所からアメリカカンザイシロアリの調査依頼が入りました。調査の日、結構な被害を確認し、今後の駆除方針をお話する浅葉に向かって、奥様が「またあんな思いをさせるつもりじゃないでしょうね？」とひと言。

何のことかと思って尋ねると、そのお宅では5—6年ほど前にも、シロアリ防除業者に駆除をしてもらったのだそうです。小屋裏を中心に処理をしてもらったそうですが、その日から家族全員2階に上がると頭が痛くなってしまい、半年以上1階で生活していたのだとか。しかも、被害は一向に止まらず、そのシロアリ防除業者に問い合わせても、「もう勘弁してください」と言って来てくれない。

奥様には、ホウ酸の安全性を処理サンプルなどでご理解いただき、その後ホウ酸処理によって被害はバッチリ止まりました。もちろん、頭が痛くなるようなことも一切なく。

このように、アメリカカンザイシロアリという病気にかかってしまうと、治療してくれる医者がほとんどいない。わずかにいたとしても、副作用が強い薬を使う。しかも治らない。

アメリカカンザイシロアリは、「入れない」ことと、「早期発見」が極めて重要です。

第2章　合成殺虫剤とホウ酸

第1章では、そもそも長持ちする木材と、その木材を食べることができる木材劣化生物について見てきました。

木造住宅は、木材劣化生物に食べられなければ長持ちするということでしたね。木材を木材劣化生物に食べられないようにすることを「防腐防蟻」と言いますが、この章では防腐防蟻に使われる薬剤について詳しく見ていきたいと思います。

1　合成殺虫剤

日本で「防腐防蟻」と言えば、それはすなわち「合成殺虫剤処理」です。土壌にも、木部にも、合成殺虫剤で処理することがほとんどです。

では、その合成殺虫剤とはどんなものなのでしょうか。

認定薬剤

日本で行われる防腐防蟻には、防腐防蟻材料として販売されているものであれば、はっきり言って何を使っても構いません。

使用が規制されている有機塩素系のクロルデンや有機リン系のクロルピリホスはもう販売されていませんので、販売されている薬剤であれば何を使ってもいいんです。炭塗料だろうが、ヒバ精油だろうが。

しかし、長期優良住宅などの施策を利用する際に使う防腐防蟻薬剤は、公益社団法人日本木材保存協会（ＪＷＰＡ）か公益社団法人日本しろあり対策協会（白対協）の認定薬剤であることが求められます。

有効成分が農薬登録されている

ＪＷＰＡ、白対協とも、それぞれのホームページから認定薬剤一覧をダウンロードすることができます。もし、時間ございましたら、そのうちのいくつかの有効成分をコピペしてネット検索してみてください。農薬関係の書類に出てくるはずです。

本書では、有効成分に農薬登録されている成分を使用している防腐防蟻薬剤のことを「農薬系防腐防蟻薬剤」、農薬系防腐防蟻薬剤を使って処理することを「合成殺虫剤処理」と呼びます。

クスリのリスク

浅葉は、この業界に入ってきたとき、日本で使われている防腐防蟻薬剤のほぼすべての有効成分が農薬登録されていることを知り、愕然としました。

農薬は、農作物を歩留まりよく収穫するために必要ですから、浅葉もその恩恵に預かっていることはよく理解してはいます。しかし、それをなぜ住宅に使うのでしょうか。「健康住宅」とか言っているのに。

しかも、農薬は、「農薬取締法」でその製造・販売・使用方法などを厳密に定められていますが、防腐防蟻薬剤はその使用方法に何ら規制がありません。

使用方法を定めた白対協の仕様書はありますが、どこに使っても、どれだけ使っても罰則があるわけではないのです。

例え規制がなくても、例えどこにどれだけ使ったとしても、何も問題がないのであればそれでもいいのですが、実際にはいくつかのリスクが考えられています。

リスク① 健康被害

「事故情報データバンクシステム」（https://www.jikojoho.caa.go.jp/ai-national/）は、消費者庁と独立行政法人国民生活センターが開設しているウェブサイトで、全国の事故情報を閲覧・検索することができます。

トップページの検索窓に「シロアリ」と入れて検索すると、シロアリ防除による健康被害と思われる事例がたくさん出てきます。

事故の概要の例としては、次のようなものがあります。

- 隣家がシロアリ駆除をした。業者が撒いた薬剤が自宅の家の壁や洗濯物につき、自宅にいた母の目が腫れた。補償してほしい。（２０２０年7月）

【図表13　日本で一般的な合成殺虫剤処理】

・昨日業者にシロアリ駆除をしてもらったところ、夕方くらいから娘の具合が悪くなった。精神不安定になり吐き気もした。対処法は。（2020年6月）

・2か月前にシロアリ駆除の薬剤散布をした。臭いが取れず体調が悪くなった。今も臭いが消えないので事業者に無料で対処してほしい。

最近の木造住宅は、省エネルギー性を向上させるために、気密性能が高くなっています。そんな高気密住宅に対して農薬系防腐防蟻薬剤を使う。このことも健康被害の増加につながっているのではないかと浅葉は考えています。

リスク②　効果が持続しない

農薬は、農地で撒いて害虫を殺し、農薬自

体もすぐに分解されるように合成されています。農薬が長持ちしてしまうと、収穫されて流通し、食卓にのぼり、人体に摂取される可能性があるからです。

農薬系防腐防蟻薬剤は、これを有効成分にしているので、その効果の持続性は非常に短期間です。業界では「効果は最大5年間」としていますが、農地では数日間で分解される成分が本当に5年間もつのでしょうか。

また、例え5年間もったとしても、新築時に防腐防蟻処理された柱などの下部1mは、その後、断熱材や透湿防水シートでつくられた壁の中となり、もう簡単にはアプローチできません。年間50万戸ほど建てられてきた木造住宅のうち、5年後に壁を壊して、断熱材を引っ張り出して、透湿防水シートを剥がして、防腐防蟻薬剤を再処理している住宅が1軒でもあるでしょうか。ないですよね。

そう、新築時に農薬系防腐防蟻薬剤で処理してしまった場合、5年も経てば無処理と同じ状態になってしまうのです。当時小学校低学年だった浅葉の息子も、「それはおかしいよ」と言っていましたが、これは誰が聞いてもおかしな話です。

2　ネオニコチノイド

ネオニコチノイド系殺虫剤

農薬系防腐防蟻薬剤の大きなリスクに「ネオニコチノイド系殺虫剤」の問題があります。ネオニコチノイド系殺虫剤とは、ニコチンに似せて合成された殺虫剤で、世界中で農薬として使われていました。しかし、このネオニコチノイド系殺虫剤は、いくつかのトラブルの原因であると疑われ、世界各地で規制がかけられています。

ミツバチ大量死の原因？

ミツバチは、農作物の受粉を担う、人類にとってなくてはならない大切なパートナーです。そのミツバチが、突然大量死する「蜂群崩壊症候群」（Colony Collapse Disorder, ＣＣＤ）の事例が、２０００年代から世界各地で報告されています（図表14）。

ＣＣＤの原因としていくつかの説が考えられていますが、その１つに農薬として使われていたネオニコチノイド系殺虫剤の影響が疑われています。

日本でもＣＣＤが報告されていますが、ミツバチの他にも、秋になると空を真っ赤に染めた赤とんぼ（アキアカネ）や、宍道

【図表14　ミツバチの危機】

湖のウナギを激減させているとの報告があります。

子どもの脳発達障害の原因?

ネオニコチノイド系殺虫剤が子どもの脳発達に悪影響を及ぼしている——。そんなショッキングな報告※をインターネットでも読むことができます。

※自閉症・ADHDなど発達障害増加の原因としての環境化学物質—有機リン系、ネオニコチノイド系農薬の危険性/木村—黒田純子、黒田洋一郎

子どもは、タバコを吸ってはいけない。なぜなら、それは、ニコチンが脳の発育に悪影響を及ぼすからです。ニコチンは、胎盤関門も通過してしまうので、妊婦さんも禁煙するように指導されています。

前述のように、ネオニコチノイド系殺虫剤は、ニコチンに似せて合成されているので、同じような作用をするであろうと考えられていて、医学界から警鐘が鳴らされています。

EU全域で屋外使用禁止

ミツバチを守るため、欧州委員会は、2018年4月27日、3種類のネオニコチノイド系殺虫剤(クロチアニジン、イミダクロプリド、チアメトキサム)を主成分とする農薬について、EU全域で屋外用途での使用を全面禁止することを公表しました。

農薬メーカーらは、「科学的根拠が不足している」と規制撤回を求めて提訴しましたが、欧州裁判所は５月17日にその訴えを却下しました。

これらを受け、現在、ＥＵをはじめとする世界各地で、ネオニコチノイド系農薬が使われなくなっています。

科学的根拠がまだ証明されていなくても、人や環境へ重大かつ取返しがつかないような影響を与える恐れがある場合には規制をかける。これを「予防原則」といいます。

欧米では一般的な考え方で、要はグレーになったら（シロでなくなったら）規制して、〝規制を解いてほしければシロである証明をしなさい〟とメーカー側に求めます。

一方、「疑わしきは罰せず」で、〝規制してほしければクロの証拠を出しなさい〟と消費者側に求める日本とは好対照です。

日本の防蟻剤はネオニコチノイド系が主流

世界では、「脱ネオニコチノイド」の流れになっているのにもかかわらず、なな何と日本では、ネオニコチノイド系農薬の残留基準を緩和（もっとたくさん使っていい！）するなど、全く完全に逆行しています。

そのためかどうか、北海道大学准教授の池中良徳先生の調査では、日本のコンビニエンスストアで販売されているペットボトル入りのお茶のすべてからネオニコチノイド系殺虫剤が検出されたのだとか。

しかもしかも、わが国で使われている防蟻剤のうち、70～80％がこのネオニコチノイド系であるというからたまったものではありません。

【コラム】化学物質過敏症と柔軟剤とシロアリ駆除剤

特定非営利活動法人化学物質過敏症支援センターのホームページ（https://cssc4188cs.org/free/aboutcs）によれば、化学物質過敏症について、「様々な種類の微量化学物質に反応して苦しむ、化学物質過敏症（Chemical Sensitivity=CS）。重症になると、仕事や家事ができない、学校へ行けない…など、通常の生活さえ営めなくなる極めて深刻な〝環境病〟です」との説明が掲載されています。

また、神奈川県のホームページ（https://www.pref.kanagawa.jp/docs/cz6/kabin2.html）では、シカゴ大学のCullen MRらのグループの定義が一般的であるとして、「過去にかなり大量の化学物質に1度接触し、急性中毒症状が出現した後か、または生体にとって有害な化学物質に長期にわたり接触した場合、次の機会にかなり少量の同種または同系統の化学物質に再接触した場合に見られる臨床症候群」と説明しています。

この化学物質過敏症ですが、最近は、柔軟剤による発症が多いのだそうです。「香害《こうがい》」と言われていて、電車に乗り合わせた人や、学校や職場などで居合わせた人などの衣服に使われた柔軟剤によって、つらい目に遭っている人が少なからずいらっしゃるというのです。

浅葉は、仕事柄、化学物質過敏症の方々とコミュニケーションを取ることがあるので、今では洗濯の際は温水で過炭酸ナトリウムを溶かして洗っています（幸いなことにシャンプーリンスは使わなくていいんです）が、その昔は息子の持って帰ってきた給食のかっぽう着を洗うときには「次の人のために」と、爆香系米国製柔軟剤をいつもより気持ち多めに入れていました。

今思うと、次の人に悪いことしたかなと心配になりますが、ウチに回ってくるときもまた、爆香でした。

同じように、シロアリ駆除剤によって化学物質過敏症を発症してしまう方もいらっしゃいます。NNNドキュメント「化学物質過敏症～私たちは逃げるしかないのですか～」という番組では、職場の新築でシックハウス症候群の症状が現れ、２年後に自宅をリフォームしたときのシロアリ防止剤で症状が悪化し、「化学物質過敏症」と診断された女性が紹介されていました。

また、化学物質過敏症の方から直接お聞きした話として、

・農薬系防腐防蟻薬剤が処理された現場で、毎週のように構造見学会を開催していて症状が悪化した（工務店経営者・女性）

・自宅近くで新築木造住宅が建てられるときは、現場監督に防腐防蟻処理の日程を確認して、その日から数日はアパートを借りて避難している（一般女性）

などが思い起こされます。

事故情報データバンクシステムを見ると、化学物質による健康被害は枚挙にいとまがありません。周りには苦しんでいる方々がいます。もしかしたら、あなたが今後苦しむかもしれません。柔軟剤を使わない洗濯方法であったり、農薬系防腐防蟻薬剤を使わない処理方法を考えてみることも必要ではないでしょうか。

3 再処理地獄

新築時、一般的に行われている農薬系防腐防蟻薬剤を選択してしまうと、「再処理地獄」に引きずり込まれる恐れがあります。

世にも恐ろしい「再処理地獄」とは…？

農薬はすぐになくなることが大切

農薬は、残留農薬とならないために、農作物につく害虫を殺し、目的を達成した後はなるべく早く消滅することが求められます。

近年の農薬は、土壌中半減期（農薬の濃度が半分になるまでの期間）が180日を超える農薬については、原則として登録が保留されています。今後、さらに早期に分解されるようになっていくでしょう。

農薬系防腐防蟻薬剤は、これらを有効成分にしていますから、効果の持続性は限定的です。公益社団法人日本しろあり対策協会もホームページ上で、「薬剤の有効期限は5年です」（https://www.hakutaikyo.or.jp/faq/2654.html）としています。

効果を持続させるためには5年ごとに再処理が必要

農薬系防腐防蟻薬剤の効果は最大5年。つまり、効果を持続させるためには、少なくとも5年ごとの再処理が必要になります。

しかし、前述したように、再処理できるのは床下のみ。壁の中に隠れてしまった地面から1mまでの柱などは再処理できないので、予防効果は新築後5年で終了です。

この再処理を5年ごとに続けると、前述の事故情報データバンクシステムに報告されているような住まい手の健康被害につながる恐れや、お子さんの脳発達に悪影響が生じる可能性が否定できません。

そして、その費用として、5年ごとに数十万円を支払い続けることになるのです。

なぜ「再処理地獄」がまかり通るのか

床下に、健康被害の恐れが否定できない薬剤を、5年ごとに、数十万円支払いながら延々と撒かれ続ける。拒めばシロアリリスクが増大する。これを地獄と言わず何と言おう。

われわれは、これを「再処理地獄」と呼んでいます。こんな地獄がなぜわが国では連綿と続いているのでしょうか。

浅葉は、「業者間のメリット」という構図が関係しているからだと考えています。

ケース① 注文住宅の場合

住まい手は、住宅会社に住宅の建築を依頼します。すると、住宅会社は、付合いのあるシロアリ防除業者に防腐防蟻処理を依頼します。そのシロアリ防除業者は、次のような理由で新築時は格安で請け負います。

- 住宅会社のメリット…新築時のコストが安く済む
- シロアリ防除業者のメリット…新築時は儲からないが、5年ごとの再処理物件が確保できる

ケース② 建売住宅の場合

建売住宅は、往々にして、建築コストを最小限に抑え、なるべく早く売り抜けることを重視しています。だから、「早く売り抜ける」ために、見える設備にはこだわりますが、見えないところは徹底的にコストダウンします（一般論ですよ。見えないところにお金をかけている建売ももちろんあります。あんまりないけど）。

現に、年間数千棟（建売住宅メイン）建てていらっしゃるパワービルダーの研究部門の方が、「注文住宅と違って、正直、建売住宅にはお金をかけていない」とおっしゃっていました。

ちなみに、浅葉の実家は、そこの建売住宅なので、それを聞いたときに心底がっかりしたことを覚えています。

・住宅会社のメリット、シロアリ防除業者のメリットともに、①注文住宅の場合と同じです。

つまり、注文住宅、建売住宅にかかわらず、イニシャルコストを抑えたい住宅会社と、新築時には利益が出ないが、５年ごとの粗利益たっぷりの再処理物件の名簿が手に入るシロアリ防除業者の利害が完全に一致しているわけです。

だから、防腐防蟻効果が５年で切れる農薬系防腐防蟻薬剤は都合がよく、日本のシロアリ防除業者のほとんどが合成殺虫剤業者なんです。

住まい手は置き去りに

言葉を選ばずに言えば、再処理地獄とは、住宅会社がコストを下げるために住まい手をシロアリ防除業者に売り渡すようなものです。いやいや、最近の薬剤は安全だし、新築時のコストを低く抑えることで喜ぶ住まい手もいるぞ！　という反論ももちろんあるでしょう。

でも、本当にそうでしょうか。少なくとも住まい手には、５年ごとに再処理が必要なことや、健康被害リスクがあることや、壁の中は再処理できないことをきちんと説明し、これから説明するホウ酸処理とどちらか選べるようにすべきではないでしょうか。

ホウ酸処理

合成殺虫剤処理が住まい手を再処理地獄に陥れてしまうのは、①健康被害の恐れがあることと②効果が5年しかもたないことからです。

しかし、ホウ酸をうまく使うと、①健康被害の恐れがなく、②効果が持続的な防腐防蟻処理が可能です。

次の節では、このホウ酸処理について詳しく見ていきましょう。

【コラム】 再処理地獄と業界の闇

「Aさん、そろそろホウ酸使ってくださいよー」―某大手シロアリ防除業者の社長Aさんと食事をしていたときにそんな話をしたのですが、そのときの回答が印象的でした。

「浅葉さんねー、新築時に10円を貯金して、5年ごとに1万円を貯金するのがこの業界ですよ。ホウ酸使ったら10円しか貯金できないでしょ？ それでどうやって社員を食わせんの」。

「うーん、なるほど」。合成殺虫剤業者が、なかなかホウ酸を使わない（使えない）理由に気づいた瞬間でした。

また、この話も残しておく必要があるでしょう。

あるとき、住宅系フランチャイズ（FC）本部に呼ばれました。そこには、FC本部の方とシロアリ防除業界の大物・X氏、そして紹介者Sさんと浅葉が顔を揃えました。

FC本部の方いわく、「浅葉さんのホウ酸を使いたい。ただし、施工はX氏のグループに任せたい。ここでその調整をしてほしい」とのことでした。

しかし、X氏との話は平行線。それどころか、どんどん離れていきます。それはそうですよね。X氏のビジネスモデルは再処理ビジネスです。したがって、効果が持続的なホウ酸と合うはずがありません。

2時間ほど経って、これはどうにもならんなと、そこに居合わせた全員が観念したとき、X氏が確かにこう言いました。

「浅葉さん、5年で効果が切れるホウ酸をつくってくださいよ」。

これにはびっくりして、Sさんと顔を見合わせたものでした。この人は、一体どっち見て仕事してるんだか。

新築時には安く請けて名簿を集め、延々と5年ごとの再処理で儲ける「再処理ビジネスモデル」は、確かに優れていると思います。似たような仕組みで、携帯電話をただで配って通話料金で儲けるとか、給湯器をただで納めてガス料金で儲けるとか、よくできているなーと感心します。

しかし、この再処理ビジネスモデルには、大切なことが欠けています。それは、最終的にお金を支払う住まい手にメリットがあまりないということです。再処理ビジネスモデルを回すということは、住まい手を再処理地獄に落とすことになるのですから。

こういうことを言うから、業界から嫌われるんですよねー。

4 ホウ酸

ホウ酸を有効成分に使った防腐防蟻薬剤をホウ酸系防腐防蟻薬剤といい、それを使った防腐防蟻処理をホウ酸処理といいます。この節では、ホウ酸とはどういうものか、ホウ酸処理の特長についてご紹介していきます。

ホウ酸とホウ酸塩

ここは、浅葉の師匠で理学博士である荒川民雄先生の著書「シロアリはホウ酸でやっつけなさい！」から拝借して解説していきます。

「ホウ素は、原子番号5の元素で、天然には酸素と結合したホウ酸塩として存在します。代表的なホウ酸塩には、ホウ酸（H_3BO_3）、ホウ砂（$Na_2B_4O_7 \cdot 10H_2O$）、無水ホウ酸（B_2O_3）などがあります」。

つまり、ホウ酸とは、1つの物質。ホウ酸塩とは、ホウ酸やホウ砂などを含めた総称です。

防腐防蟻用のティンボア®（$Na_2B_8O_{13} \cdot 4H_2O$）はホウ酸塩ですから、それを使う処理のことを本来であれば「ホウ酸塩処理」と言うべきなんですが、一般的に「ホウ酸処理」と呼ばれるようになりました。

本書では、「ホウ酸」は「ホウ酸塩」を含む表現であることを改めてご承知おきください。

ホウ酸は自然素材

ホウ酸は、ホウ酸塩鉱物を精製して得られる自然素材です（図表15）。ホウ酸塩の鉱脈は、どのようにしてできたのか、ここもまた荒川先生の著書からご紹介します。

【図表 15　ホウ酸塩鉱物（Borax)】

「ホウ酸塩は、比重が小さい鉱物ですので、火の玉の地球が誕生したとき、比重の大きい鉱物が中心部へ集まったのに対し、ホウ酸塩は地球の表層に集積したと推定されます。海洋が生まれ、蒸発した海水が雨となって大地を洗うようになると、地表のホウ酸塩は水に溶解して海へ運ばれました。今日、ホウ酸塩は、ホウ素換算で土壌には３〜４ｐｐｍ、海水には４〜５ｐｐｍ含まれています。ここで、ｐｐｍという単位は、１００万分の１を意味します」。

「こうして、地球の表面のホウ酸塩は少なくなりましたが、地下には多量のホウ酸塩が残っていました。２０００万年ほど前の

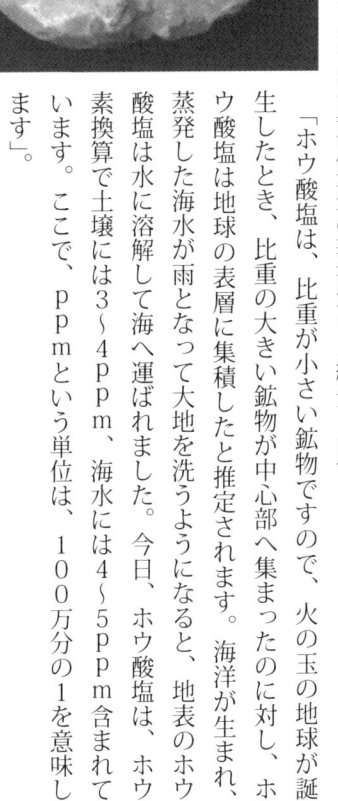

火山活動で、地下からホウ酸を多量に含む熱水が噴出し、火山湖が生まれました。火山湖に雨が降り、ホウ酸塩は再び海に流されましたが、砂漠にできた火山湖は、そのまま干上がり、湖底に多量のホウ酸塩を沈殿させたままで砂に埋もれました。工業用原料や消費材として使われているホウ酸塩の鉱脈はこのようにして生まれたものです」。

ホウ酸塩の鉱脈は、米カリフォルニア州やトルコ西部にありますが、残念ながら日本に鉱脈はなく、100%輸入に頼っています。

ホウ酸の効き方

生き物がホウ酸を摂取すると、細胞のホウ酸塩濃度が上昇し、代謝がストップすることがわかっています。

むずかしいですね。むずかしいことは、荒川先生に教えてもらいましょう。

「生体内では、糖とアミノ酸が重要な働きをします。例えば、食物をエネルギーに変える代謝反応では、糖、アミノ酸、燐酸などを要素とする沢山の補酵素（コエンザイム）が働きます。ホウ酸は、糖に由来する水酸基とキレート結合を形成し、補酵素の機能を失わせ、代謝をストップするのです。代謝がストップすると生物は即死します」。

生物と無生物の違いは、代謝をしているかどうか、そんな定義があります。ホウ酸は、その代謝を止める作用なので、広範囲の生き物に効くんです。

耐性獲得されない

「ホウ酸は、害虫の体内に入らなければ殺虫剤として働きません。このような薬剤を食毒といいます。ホウ酸の毒性は、代謝という細胞の基本的な働きと関係しているため、ホウ酸に耐性を持つ害虫は出現しないと考えられています」。

害虫に殺虫剤を処理すると、致死量に届けば死にますし、届かなければ死にません。殺虫剤を軽く浴びて生き延びた個体が卵を生み、世代が変わっていくと、その殺虫剤に対して強い害虫に進化します。これを「耐性獲得」といいます。処方された抗生物質を途中でやめてはいけないのは、体内に菌が生き残ってしまうとその抗生物質に耐性を持ってしまうからなのだそうです。

ホウ酸は、「代謝」という生き物の根本的な作用を止めるため、耐性獲得はされないということです。耐性を持って殺虫剤が効かなくなったゴキブリのことをスーパーゴキブリなんて呼んだりしますが、そんなゴキちゃんでさえいまだにホウ酸に耐性を持てていないですからね。

ホウ酸の安全性

菌類や昆虫には容赦なく効くホウ酸ですが、人体にはどうか。また、荒川先生に訊いてみましょう。

「哺乳動物が過剰のホウ酸塩を摂取すると、血液中のホウ酸濃度は上昇しますが、細胞に届く前に腎臓で濾過され、体外へ排出されます。このため、ホウ酸塩は人、犬、猫など哺乳動物に対する毒性は微弱です。人やペットに優しく、昆虫やダニ、バクテリアなどに厳しいホウ酸は、理想的な殺菌・殺虫剤です」。

「では、ホウ酸塩を飲み込んだ場合、どの程度まで安全なのでしょうか。成人が健康な生活を送るには、ホウ酸に換算して1日10〜15㎎が必要です。ワイン1リットルには、25〜35㎎のホウ酸が含まれています。米国の食品栄養局は、ホウ酸塩摂取量の上限を一日当たり162㎎としています。しかし、トルコのホウ酸塩採掘労働者は、飲料水用の井戸水の分析から、1日当たりホウ酸換算で300㎎を摂取しながら、正常な生活を送っていたことがわかっています」。

目を洗ったりするホウ酸ですから、ヒトが摂取しても安全なことはイメージできると思います。ただし、これらは「摂取した場合」の安全性であることに留意してください。

ホウ酸を防腐防蟻に使った場合、ホウ酸は空気中に溶け込まないので、そもそも住まい手は摂取する可能性もなく、さらに安全なのです。

多岐にわたる用途

精製されたホウ酸は、次のように様々な用途で利用されています。

・工業

ガラスの原料はケイ酸塩ですが、ホウ酸塩を混合することによって溶融温度を下げることができます。少ないエネルギーで加工するため、ガラス加工品にはよくホウ酸が加えられます。

建築用のグラスウール断熱材を製造する際にもホウ酸が加えられますが、実はこれがホウ酸の最も多い用途です。

・農業

すべての植物にとって、ホウ素は必須微量栄養素です。ホウ素が足りないと、ホウ素欠乏症になり、きちんと育ちません。ホウ酸塩は、肥料として、日本では年間３０００トン、世界では年間６万トン撒かれています。

われわれ人間は、健康的な食事によって、毎日ほんのわずかながらホウ酸を摂取しています。

【図表16　スライム大好き！】

・ホウ酸ダンゴ

ゴキブリを駆除するホウ酸ダンゴが、薬局やホームセンターで売られています。ホウ酸ダンゴは、ゴキブリの好きな餌にほんの少しだけホウ酸を混ぜています。餌だと思って食らいつくと、ホウ酸を摂取し、死を免れることはできません。

・目薬

ホウ酸、ホウ砂《しゃ》が入っている目薬も数多くあります。ホウ酸は、しぶといゴキブリを殺すほどの殺虫能力がありながら、人間にとっては目に点せるぐらい安全なんです。

・スライム

子どもたちが大好きなスライムは、ホウ砂（四ホウ酸ナトリウム）

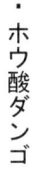

と洗濯のり（ポリビニルアルコール）を混ぜてつくります（図表16）。お祭りや工務店さんのイベントなどで手づくりスライムイベントをやることがありますが、いつも大行列ができます。

子どもたちはいつの時代もスライムが大好きですね！

・温泉

わが国にはホウ酸の鉱脈はありませんが、温泉水にはたくさん含まれています。特にメタホウ酸たっぷりの新安比温泉・静流閣さん（https://www.sinappi.jp/）は美人の湯とのこと。ぜひお試しあれ。浅葉もいろんなところがツルツルになりました。

・ストラディバリウス

400年前につくられたヴァイオリンの名器・ストラディバリウス。この表面からもホウ砂が検出されたそうです。

何でも、ワニスの防腐剤としてホウ砂が使われていたのだとか。ストラディバリウスの音色の秘密はホウ砂にあるという研究もあるんですよ。

・がん治療

ホウ素中性子捕捉療法という治療法があり、「第5のがん治療法」として注目されています。がん細胞にホウ素化合物を取り込ませ、中性子線を当てて生じたアルファ線でがん細胞を選択的に殺す治療法です。

しかし、ホウ素化合物は、がん細胞に長く留まらないことが課題になっていたそうですが、東京工業大学は何とスライムの原理を利用してポリビニルアルコールを加え、その滞留性と治療効果を劇的に向上させたのだそうです。すごいですね！

東京工業大学プレスリリース↓ https://www.titech.ac.jp/news/2020/046060

・原子力

原子力発電所でもホウ酸が使われています。天然のホウ素にはホウ素10とホウ素11があり、そのうち2割ほどを占めるホウ素10には中性子を補足する性質があります。

前述のがん治療もその性質を利用していますが、原子力発電所では制御棒や冷却水に利用されています。

5　ホウ酸処理

そんなホウ酸を防腐防蟻に利用したのがホウ酸処理です。安全で、効果が持続し、世界では一般的なホウ酸処理について見ていきましょう。

欧米オセアニアで歴史あり

ホウ酸処理は、１９３０年代にオーストラリアで始まりました。１９５０年代にニュージーランドで世界で初めて規格化（ラジアータパイン材を構造材として使う際はホウ酸処理必須）され、１９８０年

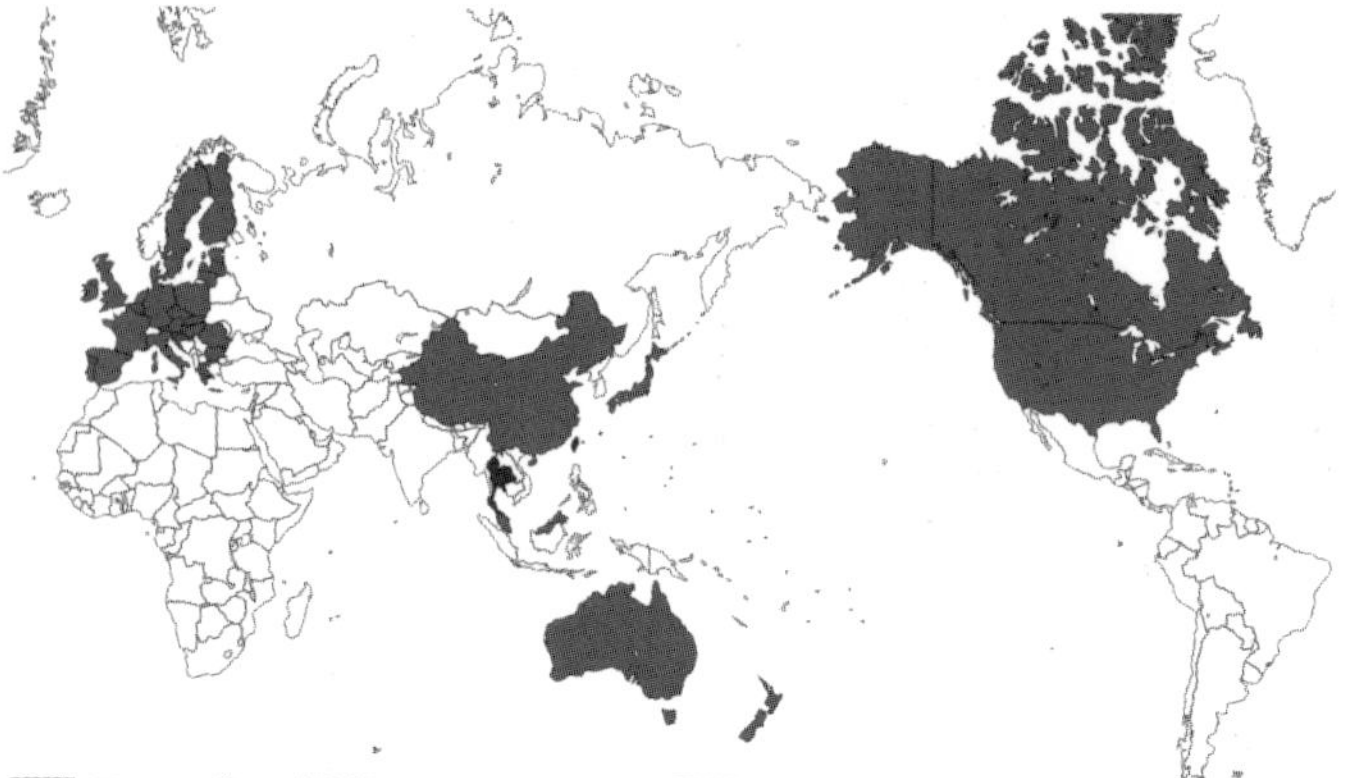

代になると北米で本格的にスタートしました。

防腐防蟻用のホウ酸、八ホウ酸二ナトリウム四水和物(Disodium Octaborate Tetrahydrate、DOT、商標名「ティンボア®」）は、世界各地で登録・認定されています（図表17参照）。

日本では2011年9月に認定

日本は、世界にかなり遅れて2011年9月、日本木材保存協会（JWPA）が条件付でホウ酸系防腐防蟻薬剤を認定しました。

少し詳しくなりますが、日本で新築を建て、「長期優良住宅」や「フラット35S」などの税制や金利優遇施策を利用する際には、JWPAか日本しろあり対策協会（白対協）の認定薬剤を使用する必要があります。認定薬剤となるためには防腐性能・防蟻性能・鉄腐食性能でJIS性能基準（JIS K1571）をクリアする必要があるのですが、何とこの試験方法では、試験体をテストする前に「水に浸ける」という操作があるのです！ ホウ酸は水溶性なので、この操作で溶け出してしまい、性能基準をクリアできませんでした。

そこで、われらが荒川先生は、国際的なＩＳＯ規格などにならい、「雨に曝されず、地面に直接接触しない建築用木材」の性能試験では「水に浸ける操作を省略する」という試験方法を「附属書Ａ（規定）」としてＪＩＳ規格に入れ込みました。

これにより、ホウ酸はＪＷＰＡから「附属書Ａ（規定）」という条件付で認定されました。

ＪＷＰＡ認定から２０２１年９月で10年が経ちますが、白対協は現在までホウ酸系防腐防蟻薬剤を認定していません。

ホウ酸処理のメリット

ホウ酸処理の特長には、大きく次の２つがあります。

① 室内の空気を汚さない安全性

ホウ酸は揮発しないため、住まい手が空気中からホウ酸を摂取する可能性はありません。高気密住宅でも、基礎断熱工法でも安心して使えます。

② 効果が持続的

ホウ酸は揮発せず、分解されないため、効果が弱くなっていきません。海の水がいつまでもしょっぱいのと同じです。壁の中に入ってしまうため、新築時にしか処理することができない柱などの処理には最適です。

ホウ酸処理のデメリット

ホウ酸は水溶性ですので、水に溶けます。つまり、ホウ酸処理した木材を雨に当ててはいけないのです。

ホウ酸処理を行う上では雨対策が必須ですし、雨に当たる木材、土壌に接する木材に使うことは認定の適用範囲から外れます。

「附属書A（規定）」には、適用範囲を次のように定めています。

「この附属書は、屋根、外壁板などによって風雨から遮断され、かつ、地面に直接接触しない建築用木材のように、通常、水分が供給される可能性が少ないが、突発的に高湿度の環境下におかれる可能性のある木材に使用する木材保存剤」

これを「非接地・非曝露条件」と言います。ホウ酸処理はこれを守って施工しなければなりませんし、これを守ることによってきちんとした性能を引き出すことができるのです。

シェアはまだ3％未満

100人の住まい手に合成殺虫剤処理とホウ酸処理の説明をして、どちらを選びたいか訊ねたら、おそらく100人近くの方がホウ酸処理を選んでくれるのではないでしょうか。

しかし、ホウ酸処理のシェアからすると、実際には100人のうち3人しか選んでいません。浅葉の活動は、このギャップを埋めていくことに他なりません。

【コラム】 理学博士・荒川民雄先生

日本のホウ酸処理は、荒川先生なくして語れません。

荒川先生は、１９３６年（昭和11年）８月、埼玉県・加須に産まれます。幼少期はそうとうやんちゃ（ここでは書けないぐらい）だったようですが、何しろ勉強ができた。埼玉県立不動岡高校在学中、近隣の進学校との合同模擬試験で、何と2年生の荒川先生がトップだったそうです。しかも2位は荒川先生の双子のお兄さん（もちろん2年生）だったとか。

そんな頭にモンスターエンジンを積んでいる荒川先生が、大学受験のときは1日16時間も猛勉強して東京大学に入学。ノーベル化学賞を受賞された根岸英一先生がご学友だったそうです（根岸先生が日本に帰られた際の食事会の幹事は、いつも荒川先生だったそうです）。

１９５９年、東京大学工学部応用化学科を卒業し、帝人に入社。在職中の１９６１年に３００倍の競争を勝ち抜いてフルブライト留学生として渡米されます。１９６４年、コーネル大学化学科博士課程を修了。その後、様々な要職に就かれ、１９９９年にU．S．ＢＯＲＡＸ社の技術コンサルタントとして、日本でホウ酸を認定させる活動を始められます。

浅葉が荒川先生に出逢ったのは、２００５年10月。米国大使館で開催された「ホウ酸セミナー」で、荒川先生が通訳をされていたときでした。

そこで、

- 空気を汚さない安全性と分解されない持続性
- 米国や世界での実績多数
- 日本ではまだ認定されてない（認定はこのときから6年後の2011年9月）

【図表18　荒川民雄先生】

という話を聴き、まさにそこにいる荒川先生が日本でのホウ酸処理の第一人者であることに「この機会を逃してなるものか！」とその場でアポイントを取り、翌週に京王プラザホテル八王子の喫茶店でちゃっかり弟子入りしました（笑）。

それからずっと師事してきて、2011年10月には日本ボレイト株式会社の取締役会長になっていただき、二人三脚で「正しいホウ酸処理」を追求し、広め、啓蒙してきました。

浅葉は、今、「希望とともに目覚め、一生懸命に働き、感謝とともに眠る」という、充実した楽しい毎日を過ごすことができています。もしあそこで荒川先生に会っていなかったら。もしあそこでアポイントを取っていなかったら……。

第3章　木造住宅の木材劣化生物対策

木造住宅は、その〝骨〟が木材でつくられている住宅です。長持ちさせるには、〝骨〟である木材を食べることができる木材劣化生物（キノコとシロアリ）をきちんと防ぐ必要があります。キノコとシロアリを防ぐことを「防腐防蟻」といいます。

本章では、防腐防蟻に関する法律や、実際に行われている具体的な方法について解説していきます。

1　法律

まず、防腐防蟻に関する法律について簡単に押えておきましょう。

建築基準法

建築基準法施行令の第49条2には、次のように書いてあります。

「構造耐力上主要な部分である柱、筋かい及び土台のうち、地面から1メートル以内の部分には、有効な防腐措置を講ずるとともに、必要に応じて、しろありその他の虫による害を防ぐための措置を講じなければならない」。

この条文は、木造の構造強度について定めており、構造強度を保つために地面から1m以内の木部に防腐防蟻措置を行うことを求めています。

建築基準法では、薬剤の品質や具体的な方法については書かれていません。

住宅の品質確保の促進等に関する法律

いわゆる「品確法」ですが、その中の「住宅性能表示制度」にある「劣化の軽減に関すること」という項目で、事細かく規定されています。

ここに「劣化対策等級」が定められていて、３世代まで大規模な改修工事をしないで使える「等級３」を最上位に、２世代までの「等級２」、１世代までで建築基準法相当の「等級１」と、それぞれ対策が規定されています。

詳細をここでは述べませんが、この法律でも、外壁の柱などの地面から１ｍまでの木部に対して防腐防蟻措置を求めています。

【コラム】　ホウ酸認定までの道

「住宅の品質確保の促進等に関する法律」は、２０００年（平成12年）４月に施行され、同年10月に住宅性能表示制度が本格的に運用されました。

住宅性能表示制度「劣化の軽減に関すること」において、最上級「等級３」を取るためには、外壁を通気構造にして、外壁の軸組等（柱、間柱、筋かい、木質系構造用面材など）の地面から１ｍ

以内の木部に防腐防蟻処理をすることが一般的です。

ここに使える防腐防蟻薬剤は、公益社団法人日本木材保存協会（ＪＷＰＡ）か公益社団法人日本しろあり対策協会（白対協）の認定薬剤である必要があります。

なお、当時、ホウ酸は、認定薬剤ではありませんでした。

ホウ酸認定の歴史は、浅葉の師匠で、日本ボレイトの会長である荒川民雄先生の激闘の歴史に重なります。

荒川先生は、米国のホウ酸素材メーカー（Ｕ．Ｓ．ＢＯＲＡＸ社）の依頼を受け、米国大使館を背景にして、水溶性のホウ酸に不利であったＪＩＳ規格の改正を行政に要請します。「国際的なＩＳＯ規格に照らし、ＪＩＳ（Ｋ１５７１）は輸入品に対して市場を不当に閉鎖している。ＪＩＳ規格を改正してほしい」と。

それこそ、ここには書けないようなこともたくさんありました。言わば荒川先生は、「出る杭」なのですから、めちゃくちゃに打たれるのですが、打たれれば打たれるほどもっと飛び出すのが荒川杭。荒川先生と浅葉が打合せを終え、駅のホームで電車を待っているときなんて、電車が入ってきたときには〝念のため〟２人して後ろを確認していたほどでした。

２０１０年９月、ついにＪＩＳ規格が改正され、翌２０１１年９月、念願のホウ酸系防腐防蟻薬剤の認定につながりました。

ホウ酸認定は、荒川先生の死闘抜きには語れないのです。

【図表19　べた基礎】

2　土壌処理（1次防蟻）

土壌処理は、土壌に生息している地下シロアリを殺したり、木部に到達させないようにするために行われます。まず、シロアリの侵入を防ぐ。これを1次防蟻と呼んでいます。

べた基礎（図表19参照）

べた基礎とは、土壌全面に鉄筋コンクリートを打ち（耐圧盤）、立上がりを打ち継ぐ基礎をいいます。耐圧盤と立上がりを同時に打つ「一体打ち」という方法もあります。べた基礎を採用することで、住宅性能表示制度上、薬剤による土壌処理を省略することができますが、もちろん併用することもできます。

べた基礎の場合、耐圧盤を先に打つため、シロ

【図表 20　べた基礎と布基礎】

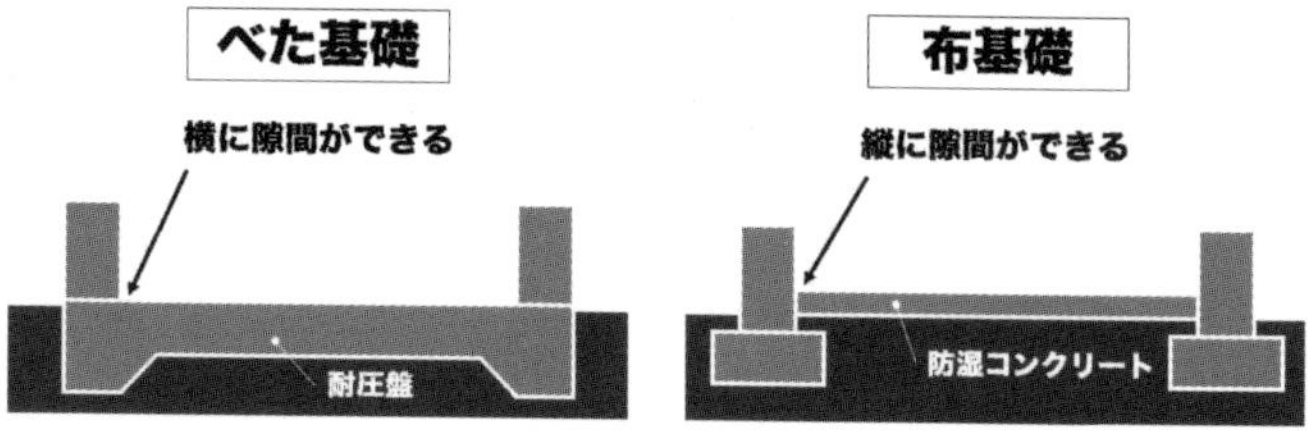

アリ侵入経路を相当つぶすことができます。一体打ちは、打継ぎに隙間ができないのでさらにつぶせます。一方、布基礎＋防湿コンクリートの場合は、床下の見た目はあまり変わりませんが、布基礎と防湿コンクリートの隙間がシロアリ侵入経路になり得ます。

また、べた基礎の場合でも、水抜き穴や貫通配管部などのシロアリ侵入経路がありますので、ホウ酸防蟻気密シーリング材「ボレイトシール®」やホウ酸防蟻気密パテ「ボレイトフィラー®」で埋めて、1次防蟻を完成させることをおすすめします。

薬剤土壌処理

土壌用の防蟻薬剤を土壌に処理する方法です。公益社団法人日本木材保存協会（JWPA）または公益社団法人日本しろあり対策協会（白対協）

の認定薬剤が使われます。ＪＷＰＡ・白対協ともにホウ酸系防腐防蟻薬剤を土壌処理用として認定していませんので、残念ながら土壌には使えず、農薬系防腐防蟻薬剤を使うことになります。新築時の基礎を打つ前の土壌や、既築のコンクリートで覆われていない床下の土壌、基礎外周の土壌などを処理します。

新築時の基礎を打つ前の土壌に処理すれば、そこにもしシロアリの巣があった場合に駆除することができますし、残効期間中はシロアリの侵入を食い止めることができます。しかし、残効期間は最大5年ですし、その上にべた基礎が打たれれば再処理することはできないので、「土壌のシロアリを一旦リセット」するようなイメージです。

また、既築のコンクリートで覆われていない床下の土壌に対して行う薬剤処理は、薬剤による健康リスクが払拭できませんので、注意が必要です。

さらに、最近では、べた基礎の内側のコンクリート表面などに、コンクリートのアルカリ性にも分解されづらい農薬系防腐防蟻薬剤を処理する方法が盛んですが、浅葉はおすすめしません。

その他

ベイト（毒餌）工法や物理的ステンレスメッシュ工法などがあります。

ベイト工法は、土壌にベイトステーションというケースを埋めて餌木を入れ、管理していきます。餌木にシロアリがついたら、そっと毒餌に変えてシロアリに食わせます。知らずに食べたシロアリは、遅効性の薬剤を巣に持ち帰り、薬剤が巣全体に浸透していき、巣ごと駆除します。餌木ではなく、最初から毒餌を仕掛ける工法もあります。

物理的ステンレスメッシュ工法は、シロアリが通り抜けられない目の細かさで、錆びづらいステンレスメッシュを、シロアリが侵入してくる隙間などに設置する工法です。

3 木部処理（2次防蟻・防腐）

木部処理は、木材が腐ったり、シロアリに食害されないようにするために行われます。

1次防蟻（土壌に生息している地下シロアリを殺したり、木部に到達させないようにするために行われる土壌処理など）が突破された場合の次の砦なので、「2次防蟻・防腐」と呼んでいます。

合成殺虫剤処理（図表21参照）

日本では、最も普及している一般的な処理方法です。新築の場合は地面から（あるいは基礎立上がり天端から）1ｍほどの木部を、既築の場合は床下からアプローチできる木部を、農薬系防腐防蟻薬剤で処理する方法です。

●メリット

・イニシャルコストが安い

【図表 21　合成殺虫剤処理】

●デメリット

・健康被害の恐れ
・効果が最大5年
・延々と5年ごとに、数十万円かけて床下に健康被害の恐れがある薬剤を再処理していかなければ効果が持続しない（再処理地獄）
・外壁の柱などは再処理できないので5年程度で無処理同等になる

ホウ酸処理（図表22参照）

農薬系防腐防蟻薬剤に替えて、ホウ酸系防腐防蟻薬剤を使用する方法です。きちんとした防腐・防蟻性能を発揮させるためには、木材に十分な量のホウ素が必要です。ホウ酸処理では、次の方程式を実現させることがとても重要です。

ホウ酸処理の方程式↓ホウ酸処理溶液濃度×処理量×雨対策

【図表22　ホウ酸処理（ボロンdeガード®）】

どれか1つでも「0」だと、その答えは「0」になってしまいます。

ホウ酸処理のキモは、

・高濃度のホウ酸処理溶液で、
・たっぷり処理して、
・雨に当てないように養生をする。

これらを現場で再現することです。施工者は、必ず熟知しているべきです。

●メリット

・空気を汚さず、住まい手に限りなく安全（ホウ酸系防腐防蟻薬剤の中には、有効成分はホウ酸だけど、有機溶剤などが入っているものもあります。エチレングリコール、トリエタノールアミン、ポリエチレングリコールモノメチルエーテルなど、注意が必要な物質が入っているものもありますので、何が入っているかを確認することをおすすめします）

【図表 23　工場処理材】

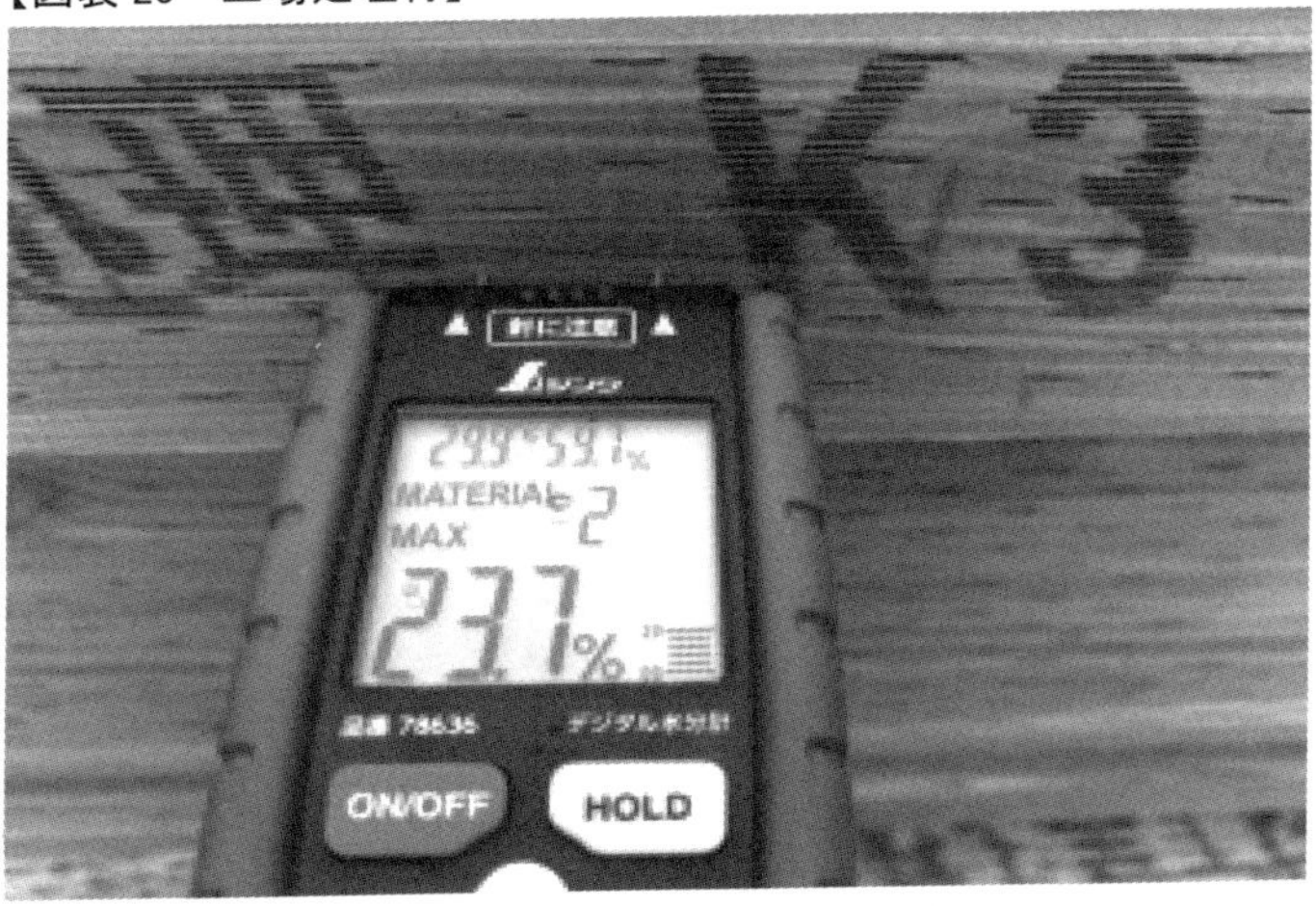

・効果が持続的

●デメリット

・雨に濡らしてはいけない（処理したホウ酸が木材から抜け出してしまう）

工場処理材（図表23参照）

工場処理材は、工場で薬剤処理された木材です。薬剤をしみ込みやすくするためのインサイジング加工（木材表面に細かい切込みをたくさん開ける）で、工場処理材であることがわかります。

工場処理材には様々ありますが、土台に使われているのは主に次の２種類です。

①　銅系

ＡＣＱ（銅化合物＋第四級アンモニウム塩）やＣｕＡｚ（銅化合物＋アゾール）を加圧注入処理された木材で、銅の緑色になるのが特徴です。

②　合成殺虫剤系

工場処理材といえば一時期はＡＣＱ処理材が一般的でしたが、最近はこちらのほうをよく見かけるようになりました。インサイジング加工した木材に、工場で合成ピレスロイド系やトリアゾール系の農薬系防腐防蟻薬剤を噴霧処理した木材です。

●メリット

工場処理材は、規格により、心材部は表面から10㎜の深さの80％以上、辺材部は80％以上が薬剤で処理されています。

つまり、規格製品として品質のばらつきがないところが安心できます。

また、銅は分解されることがないので効果も持続的です。

●デメリット

銅系は、高価であること、鉄腐食性があること、含水率が高いものがあること、すべての木材への処理が難しいことなどが挙げられます。

合成殺虫剤系は、5年も経てばたくさん穴のあいた無処理材になってしまうことが最大の懸念材料だと考えます。

高耐久樹種（図表24参照）

ヒノキなどの高耐久樹種を無処理で使う方法です。

土台の場合は、日本農林規格（ＪＡＳ）の耐久性区分Ｄ１樹種のうち、特に高耐久であるとされ

【図表 24　高耐久樹種の分類】

	D_1 樹種（太字は特定樹種）
針葉樹	**ヒノキ**、**ヒバ**、スギ、カラマツ、**ベイヒ**、**ベイスギ**、**ベイヒバ**、ベイマツ、ダフリカカラマツ、サイプレスパイン
広葉樹	**ケヤキ**、**クリ**、クヌギ、ミズナラ、カプール、セランガンバツ、アピトン、ケンパス、ボンゴシ、イペ、ジャラ
2×4	ウエスタンラーチ、**ウエスタンレッドシーダー**、カラマツ、スギ、**タイワンヒノキ**、ダグラスファー、ダフリカカラマツ、タマラック、パシフィックコーストイエローシーダー、**ヒノキ**、**ヒバ**
その他	**サワラ**、**ネズコ**、**イチイ**、**カヤ**、**コウヤマキ**、**インセンスシーダー**、**センペルコイヤ**

【図表 25　各樹種の耐蟻性の分類】

区分	樹種（特に指定しない場合は心材）
大	ヒバ、コウヤマキ、イヌマキ、スダジイ、ビャクシン、イスノキ、タブノキ、カヤ、ベニヒ、タイワンスギペリコプシス、クルイン、アゾベ、マンソニア、ブビンガ、ドウシエ、イロコ、コチベ、マコレモバンギ、タウン、ターミナリアモンキーポット、タウキャン、チンベン、ニオベ、コクロジュア、ローズウッドシャシャンポ、ヨン、シタシ、メラワン、チーク、マラス、インツィア、ランラン、アンジェリュク
中	ヒノキ、スギ、ツガ、カラマツ、ベイヒ、クスノキ、イタヤカエデ、カツラ、ケヤキ、ブナ、トチノキ、イチイガシ、アカガシ、フラミレ、レッドメランチ、イェローメランチ、ナトー、カメレレ、クイラ、ラミンシポ、ブラックウォールナット、シルバービーチ、ブラックビーン
小	熱帯産材を除くすべての辺材、モミ、シラベ、アカエゾ、エゾマツ、トドマツ、アカマツ、クロマツ、クリ、セン、アサダ、イヌツゲ、ミズキ、カキ、ミズナラ、トネリコ、ハルニレ、ドロノキ、ヤマナラシ、ヤマハンノキ、ベイスギ、ラジアタマツ、ベイツガ、ベイマツ、シベリアカラマツ、オーク、アフリカンマホガニー、バルサ、ロボア、ホワイトラワン、アスペン、リンバ、メンクラン、タリエチア、ラミン、オベチェ、サペリ、チアマ、アジナ、エリマ、マンガシノロ、ダオ、セブラ、ヒッコリー

出所：国土交通省「木材を利用した官庁施設の適正な保全に資する整備のための留意事項資料編」

る樹種（特定樹種）については無処理で使用することができます。

●メリット

薬剤処理を行わなくていいので、健康被害の心配はありません。

●デメリット

図表25は、各樹種のシロアリに対する抵抗性を分類したものですが、ヒノキの心材（木材の中心部の赤っぽい部位）は「中」に、辺材（心材の外側の白っぽい部位）は「小」に分類されています。シロアリ防除業界では、ヒノキがシロアリに強くないのは常識なのですが、住宅会社ではいまだに「ヒノキ神話」が信じられているふしがあります。

また、アメリカカンザイシロアリは、むしろ「ヒノキ好き」なので、注意が必要です。

ヒノキ神話とヒノキチオール

師匠・荒川民雄先生の著書「シロアリはホウ酸でやっつけなさい！」の中に、ヒノキ神話についておもしろい記述があるのでご紹介します。

「ヒノキ神話の立役者にヒノキチオールという物質があります。日本を代表する有機化学者だった野副鉄男博士は、1936年、耐久性の高いタイワンヒノキの精油から融点51～52℃の結晶を単離し、ヒノキチオールと命名しました。

この物質が、タイワンヒノキ耐久性の根源です。日本の青森ヒバに含まれますが、ヒノキには含まれません。野副博士がタイワンヒノキチオールと命名してくれていたら、ヒノキ神話も変わっていたでしょう」。

シロアリは、このヒノキチオールを忌避（避ける行動）することで知られています。分析技術が向上し、最近では日本のヒノキにもヒノキチオールがほんのわずか含まれていることがわかっていますが、ヒノキ神話を信じることはリスキーでしょう。

【コラム】 防腐防蟻処理とは「鎧」を着ること

木材腐朽菌（キノコ）の胞子は空気中に漂い、シロアリは「世界で最も数が多い昆虫の一種」といわれるほどたくさんいます。一説によれば、アリの総数が1京、シロアリの総数が24京なのだそうです。木材腐朽菌（キノコ）やシロアリは、人間が生まれるはるか前から地球に住み、枯れ木を食べていたのですが、そこに人間が現れ、枯れ木と同じ成分である木材で家を建てるわけですから、それは「食べるな」と言うほうに無理があります。

そんな弓矢が飛び交う戦場で、防腐防蟻処理とは鎧を着るようなものだと思います。万が一、矢が当たったときにはね返したり、深く突き刺さらないように鎧を着るのです。鎧を着ていても、もしかしたらほんの少しの隙間に矢が当たるかもしれませんが、致命傷は免れるでしょう。根拠なく矢が当たらないほうに掛けるのは無謀です。

【合成殺虫剤処理】という鎧は、着ている人の健康や子どもの脳発達に悪影響を与える可能性があり、最初は強い鎧もどんどん弱くなり、5年で消えてなくなります。

5年ごとに数十万円をかけてまた鎧を着たとしても、着ることができるのは下半身（床下）だけ。上半身（壁の中）に着ることはできません。

日本ではこの鎧が主流です。

【高耐久樹種】は、そもそも鎧を着ません。「この服は強いから大丈夫」という神話がありますが、本当でしょうか。

矢が当たらなかったらラッキーですが、もし当たったら致命傷になりかねません。あとで「やっぱり着たい！」と思っても、着ることができるのは下半身（床下）だけ。上半身（壁の中）に着ることはできません。

【ホウ酸処理】という鎧は、着ている人の健康を損なうことなく、消えていくこともありません。5年に1回ぐらい、不具合を確認して、修復していくような鎧です。

ただし、着るときには、雨に濡らさないようにしなければいけません。欧米オセアニアではこの鎧が一般的です。

あなたならどの鎧を着たいですか？

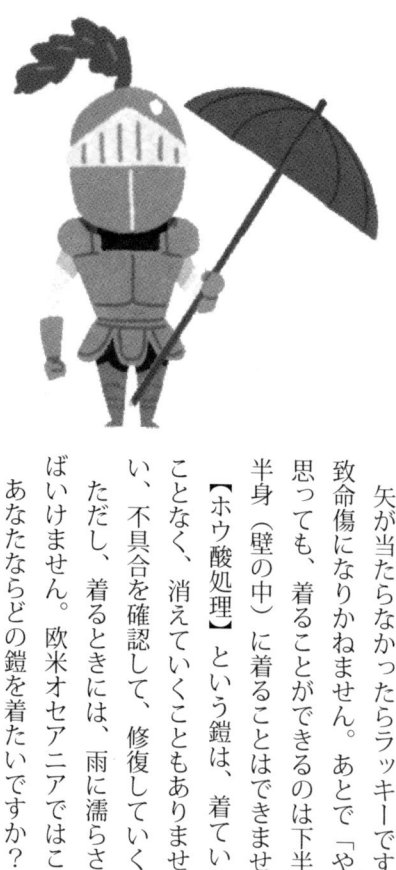

第4章　ボロンdeガード®

ここまで、木材について、木材を食べることができる生き物がいること、木材はそれらの生き物から守れば長持ちすること、食べられないようにする措置について、ひと通り見てきました。

本章では、米国をはじめとする世界の防腐防蟻の実情や、シロアリ、腐れ、ホウ酸などについて熟知した荒川先生と浅葉が、考えに考え抜いて設計し、10年の歳月をかけてブラッシュアップしてきた理想の防腐防蟻処理「ボロンdeガード®」についてお話していきたいと思います。

1　ボロンdeガード®

ボロンdeガード®とは

ボロンdeガード®は、限りなく安全性を考慮しながら、日本の木材劣化生物と気候に対応して設計され、ホウ酸や建築、シロアリのことを知り尽くしたプロフェッショナルが、責任をもって施工する新築・既築対応のホウ酸処理です。

ホウ酸処理防腐防蟻効果は、その木材に処理されて残った「ホウ素」の量で決まります。

■使用材料：ボレイトシール®（1次防蟻に使用）

防腐防蟻用のホウ酸・八ホウ酸二ナトリウム四水和物（DOT）をたっぷり含む、日本初のホウ酸防蟻気密シーリング材です（図表26）。アマニ油ベースで、有機溶剤を含まず、内部は長期間硬化しません。防蟻成分がDOTのため、効果は持続的です。

※ボレイトシール®以外の防蟻シーリング材の有効成分は、合成殺虫剤なので、効果の持続期間は限定的。基礎コンクリートの〝小さな〟隙間に処理することで、シロアリの侵入経路を遮断します。

●仕様

・有効成分：DOT 10・0％
・容量：330ml（市販の汎用コーキングガンを使用）
・防蟻性能：(公社)日本木材保存協会規格JWPAS―TS（1）（2011）室内効力試験性能基準
・色：アイボリー
・施工箇所：基礎貫通配管部、セパレート金具、水抜き穴、基礎断熱材の接合部、コンクリート打継部、玄関土間コンクリート打継部など。
・ホルムアルデヒド放散等級：F☆☆☆☆（JSIA―872001）
・その他：厚生労働省指針　値策定VOC13物質不使用
・特長：①日本初のホウ酸配合防蟻気密シーリング材。②ホウ酸配合で、防蟻性能が長期間持続する。③内部が長期間硬化しないので、剥離による隙間が生じづらい。
・受賞：2018年度グッドデザイン賞（ボレイトシール®単体で）
・登録番号：特許第6375556号／商標第5920466号

【図表26　ボレイトシール®】

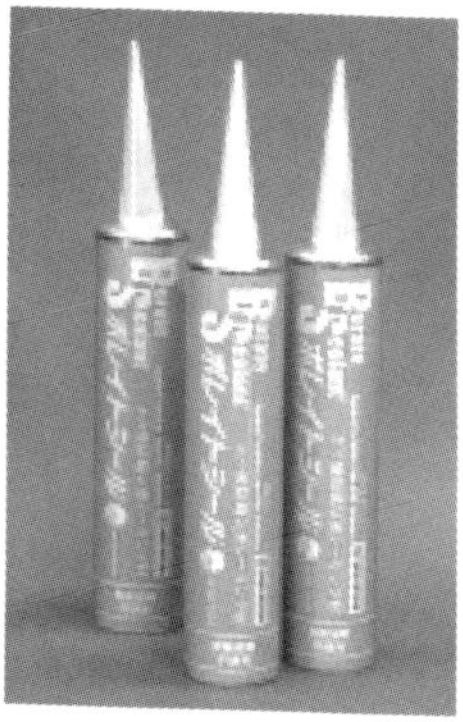

【動画⑦　ボレイトシール®】

■使用材料：ボレイトフィラー®（1次防蟻に使用）（図表27）

DOTをたっぷり含む、日本初のホウ酸防蟻気密パテ。防蟻成分がDOTのため、効果は持続的です。

※ボレイトフィラー®以外の防蟻パテの防蟻成分は合成殺虫剤なので、効果の持続期間は限定的。

ボレイトシール®では、埋めづらい基礎コンクリートの〝大きな〟隙間に処理することで、シロアリの侵入経路を遮断します。

●仕様

・有効成分：DOT10・0%
・容量：個別包装1kg（NET）
・防蟻性能：（公社）日本木材保存協会規格JWPAS—TS（1）（2011）室内効力試験性能基準

・色：ホワイト

・施工箇所：基礎貫通配管部、セパレート金具、水抜き穴、基礎断熱材の接合部、コンクリート打継部、玄関土間コンクリート打継部など。

・特長：①日本初のホウ酸配合防蟻気密パテ。②ホウ酸配合で、防蟻性能が長期間持続する。③固く硬化しないので、剥離による隙間が生じづらい。

・登録番号：商標第６２０９８１５号

【図表27　ボレイトフィラー®】

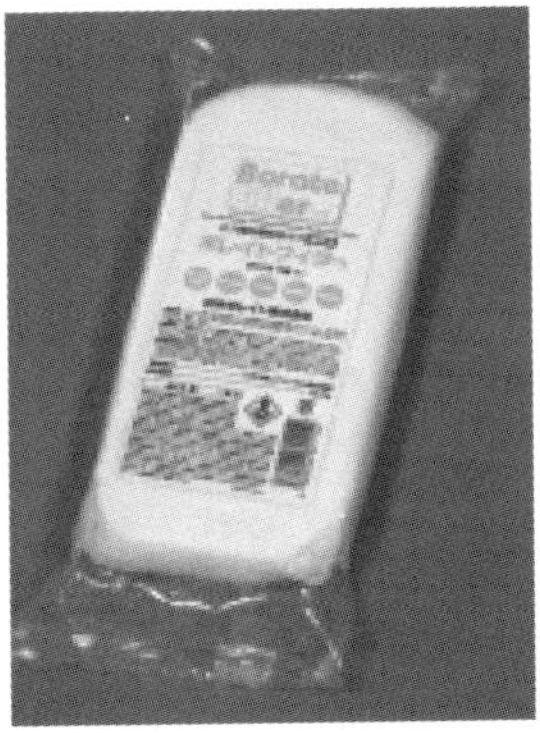

【動画⑧　ボレイトフィラー®】

■使用材料：ティンボア® ＰＣＯ（２次防蟻・防腐に使用）

ＤＯＴを98％含む粉体です（図表28）。防腐防蟻効果を左右するホウ素を多く含み、かつ水に溶けやすく、高濃度のホウ素を含む水溶液をつくることができるため、防腐防蟻用途として世界中で使われているホウ酸です。

DOTは、薬局で洗眼用に売られているホウ酸（H_3BO_3）に比べて、およそ1・2倍のホウ素濃度があります。つまり、DOTの10％水溶液は、ホウ酸12％水溶液と同等の防腐防蟻効果があるのです。

様々な組成のホウ素化合物がありますが、比較する際にはホウ酸換算濃度（Boric Acid Equivalent、BAE）を使用します。DOT10％は、12％BAEです。

【図表28 ティンボア®PCO】

●施工者：ホウ酸施工士®

公益社団法人日本木材保存協会認定番号：A―5431

浅葉も理事に名を連ねる一般社団法人日本ホウ酸処理協会（JBTA、https://housan.jp/）が開催する研修を受け、試験に合格して登録された「ホウ酸施工士®」が施工します。

●雨対策

ホウ酸処理の唯一の弱点ともいえる雨。ホウ酸は水溶性なので、ホウ酸処理した木材に雨が当たると、ホウ酸が溶け出してしまう恐れがあります（溶脱といいます）。

ホウ酸処理の方程式↓ホウ酸処理溶液濃度×処理量×雨対策

どれか1つでも「0」になると、その答えは「0」になってしまいます。

●施工報告書

ボロンdeガード®では、どこに何を処理したのかが写真つきで記載されている施工報告書（図表29）をお渡ししています。

●シロアリ保証

ボロンdeガード®シロアリ保証制度が利用できます。詳細は、ホームページ（https://w.borate.jp）でご確認ください。

【図表29　施工報告書】

2　新築

新築の木造住宅の処理

それでは、新築の木造住宅に対して、どのように処理をしていくのかご紹介していきます。

施工者は、詳しい施工マニュアルに則って処理をしていきますが、ここではわかりやすく、概要を記します。動画⑨のボロンdeガード®プロモーションビデオをご参照ください。

【動画⑨　ボロンdeガード®】

●１次防蟻

・べた基礎の場合

基礎貫通配管部や水抜き穴などシロアリが侵入してくる隙間に、ボレイトシール®やボレイトフィラー®を処理し、１次防蟻を完成させます（図表30、31）。

・防湿コンクリートの場合

べた基礎の場合の施工箇所に加え、布基礎と防湿コンクリートの打継ぎに、ボレイトシール®な

【図表30　１次防蟻（水抜き穴）】

【図表31　１次防蟻（スリーブ管）】

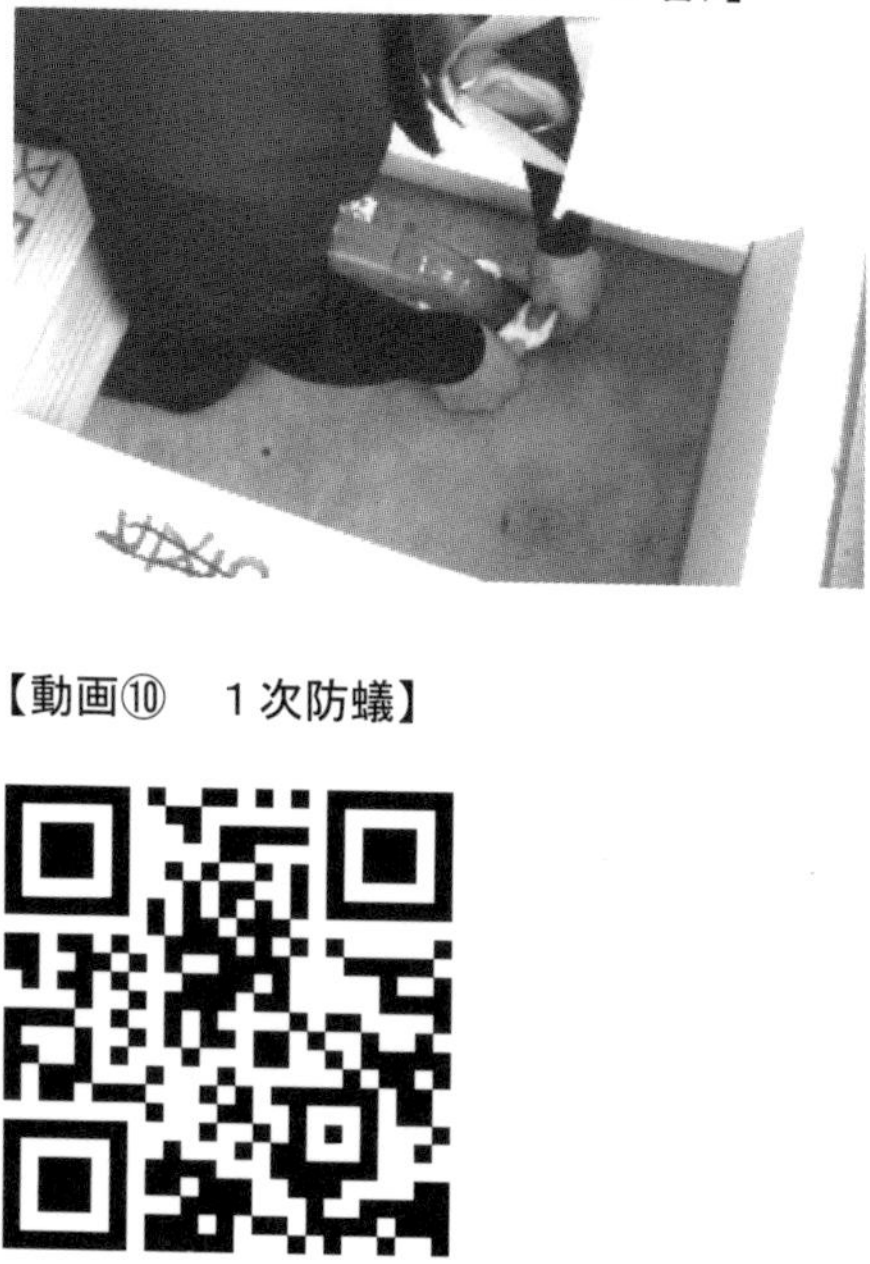

【動画⑩　１次防蟻】

どを処理し、1次防蟻を完成させます。

●2次防蟻・防腐

・施工箇所：基礎コンクリート天端から1メートルまでの木部

土台、大引き、床合板、柱、間柱、筋かい、構造用面材（木質系のみ）などの、基礎コンクリート天端から1mまでの木部を処理します（図表32、33）。

【図表32　2次防蟻・防腐（柱）】

【図表33　2次防蟻・防腐（剛床）】

【動画⑪　2次防蟻・防腐】

玄関や浴室など、シロアリリスクの高い箇所は、2階床組まで処理します。「化粧」「現し」といわれる、完成後に見える箇所は処理しません。

これは、「標準処理」というシロアリ保証に必要最低限の処理です。標準処理のほか、「1階全部処理」や「全構造材処理」があります。

・処理濃度：24%BAE水溶液

ティンボア®PCOを24%BAE濃度に溶解調製した水溶液を使用します。

一般的に、20%BAE未満であれば木材に対して充分な間隔を開けて2回以上処理しなければなりませんが、20%BAE以上であれば1回で処理できます。

●雨対策

ボロンdeガード®では、ホウ酸処理後にブルーシートやビニールシートで建築物を覆い、あるいは撥水加工を施し、多少の雨に当たってもホウ酸が溶脱しないようにしています（図表34参照）。

それでも予期せぬゲリラ雷雨などでホウ酸処理した木材が雨に濡れてしまうこともありますが、そんなときはボレイトチェッカー™の出番です。

ボレイトチェッカー™を木材にスプレーすると、ホウ酸が充分に存在していれば赤く発色し、満たないときは黄色いまま（図表35参照）。黄色いままであった場合は、雨に濡れたことが想定されますので、該当箇所を24%BAE水溶液で再処理します。

【図表34　ブルーシートによる雨養生】

【図表35　ボレイトチェッカー™による溶脱検査】

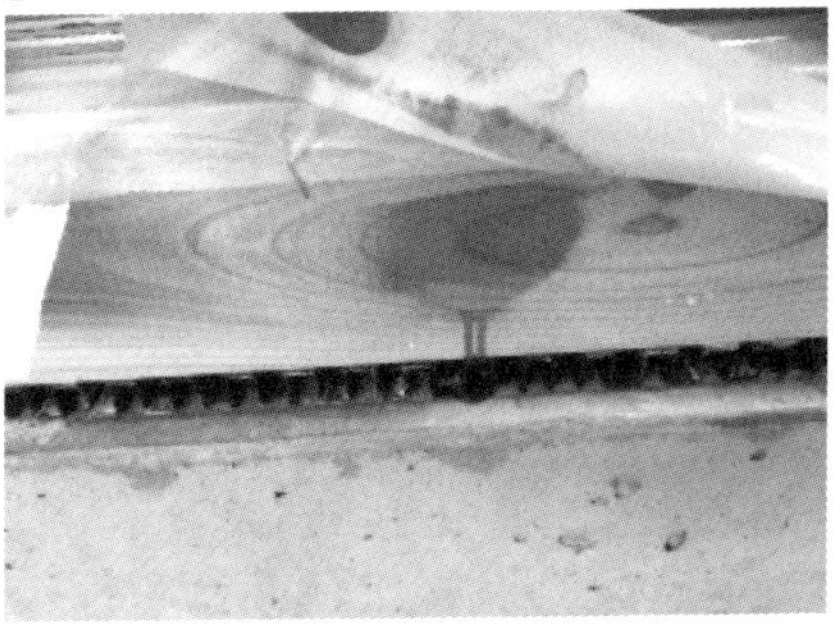

【図表36　降り積もったティンボア®PCO】

●ホウ酸ダスティング®処理

ホウ酸ダスティング®処理という、ティンボア®ＰＣＯなどを粉体のままエアコンプレッサーで散粉する処理方法があります。

水溶液が使いづらい小屋裏や天井裏などで処理し、ホウ酸が降り積もったそこは虫にとっては死の世界です。アメリカカンザイシロ

【動画⑫　ホウ酸ダスティング®処理】

アリの羽アリが侵入してきたとしても、足などについたホウ酸粉体を舐めて摂取したら死は免れません。

建物の引渡し前に、小屋裏や天井裏、間仕切り壁の中、床下などに処理しておけば、そこには不快害虫も巣をつくることはできません。

3 既築

既築木造住宅の処理

既築木造住宅は千差万別。２つと同じ条件の住宅はありませんが、ボロンｄｅガード®はそんなマイホームの長寿命化も得意です。

ホウ酸処理した木材が雨に当たることがほとんど考えられないし、何より住まいながらの床下でたっぷり処理をしても空気を汚さないので安全です。

骨組だけを残すスケルトンリフォームの場合は、前節「新築」の項目を参照していただくとして、ここでは住まいながらの床下処理やリフォーム時についてご案内します。

●調査

まず、外周や室内、床下を調査（図表37参照）して、シロアリなどの被害の有無など状況を確認し、処理の方針を決定します。

【図表37　床下調査】

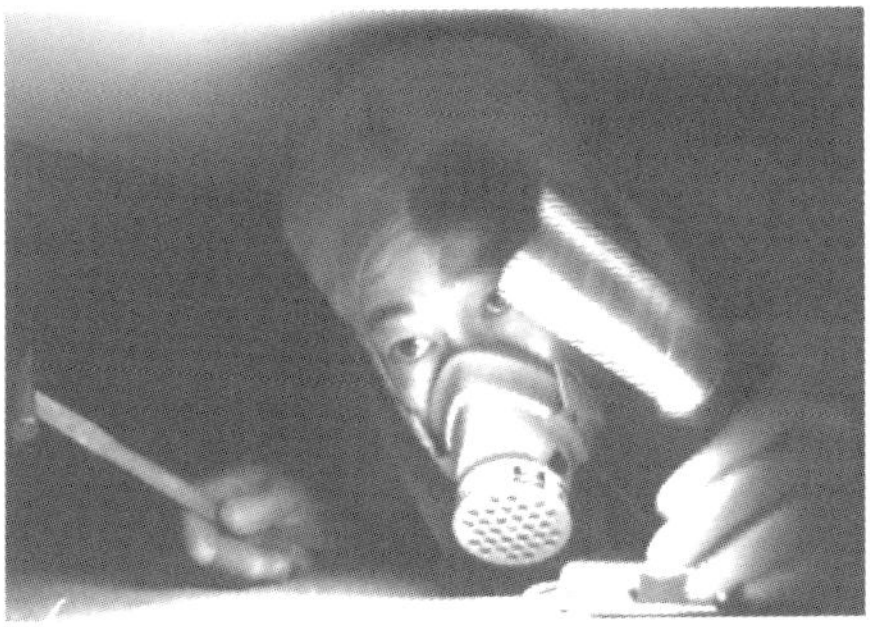

【動画⑬　既築の調査】

●1次防蟻

・べた基礎の場合

基礎貫通配管部や水抜き穴などシロアリが侵入してくる隙間に、ボレイトシール®やボレイトフィラー®を処理し、1次防蟻を完成させます。

・防湿コンクリートの場合

べた基礎の場合の施工箇所に加え、布基礎と防湿コンクリートの打継ぎや、防湿コンクリートのひび割れ部に、ボレイトシール®などを処理し、1次防蟻を完成させます（図表38）。

【図表38　1次防蟻（防湿コンクリート打継ぎ）】

【動画⑭　1次防蟻】

●2次防蟻・防腐

・施工箇所：床下や開口部から処理可能な木部

床下に潜って、処理できる土台や大引きなどを処理します。

リフォームで開口した場合も、可能な限りの木部に処理します。

特に、浴室をユニットバスにリフォームする場合は大チャンス！　ユニットバスを入れてしまうと、もう柱などの木部に処理することはできませんので、1次防蟻を含め、可能な限りホウ酸処理をしておきましょう。

・処理濃度：24％ＢＡＥ水溶液

ＤＯＴを24％ＢＡＥ濃度に溶解した水溶液を使用します（図表39）。

【図表39　2次防蟻・防腐（土台等）】

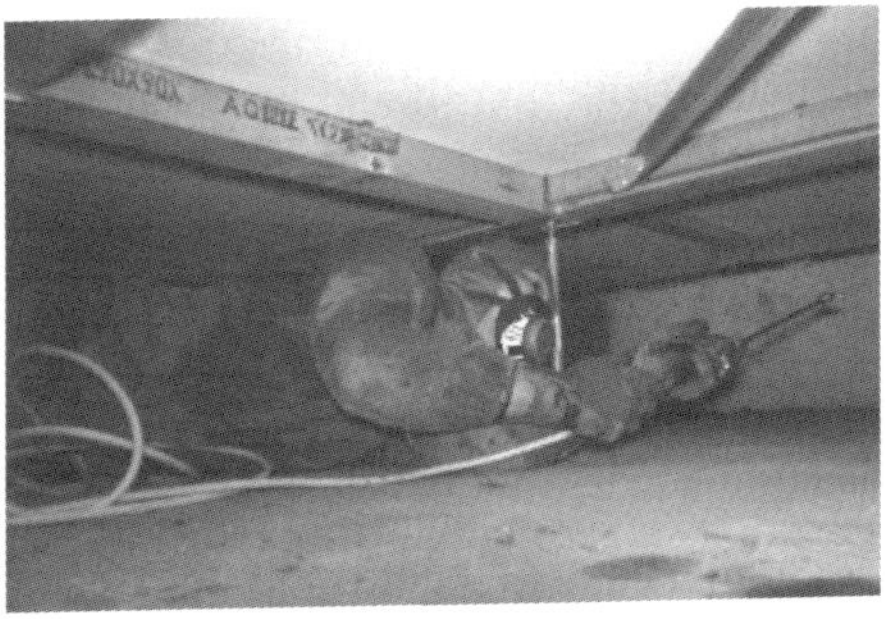

【動画⑮　2次防蟻・防腐】

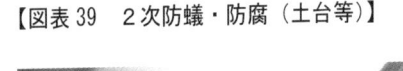

●雨対策

ホウ酸処理をした部位が雨に当たる可能性がある場合は、雨対策を行います。

●ホウ酸ダスティング®処理

ホウ酸ダスティング®処理は、既築にも最適です（図表40）。

小屋裏や天井裏、間仕切り壁の中、床下などに処理をして、アメリカカンザイシロアリの羽アリや不快害虫を生かしてはおきません。

●ボレイトスティック®

ＤＯＴの粉体のみをチョーク状に固化したもので、木材に穿孔し、埋め込んで使用します（図表41）。

木材に埋められたボレイトスティック®は、湿気や雨などで木材の水分が増えるにつれて徐々に溶け出して内部で拡がり、ホウ酸に禁忌とされている水濡れを逆手に取って、効果を発揮します。

湿気過多の床下はもとより、「屋外にもホウ酸処理を」と、日本百名橋の常盤橋（北九州市）や遊具などにも使用されています。

●シロアリ駆除

施工前の調査でシロアリが生息していたら、ボロンdeガード®の予防処理の前にシロアリ駆除を行う必要があります。

シロアリ駆除の場合もそれこそ千差万別ですので、調査の結果をもとに方針を決め、予算の範囲で処理を行います。

その際、お許しをいただいてからですが、なるべく安全な合成殺虫剤を最小限使用することもあります。もちろん、ネオニコチノイド系は使用しません。

【図表40　ホウ酸ダスティング®処理】

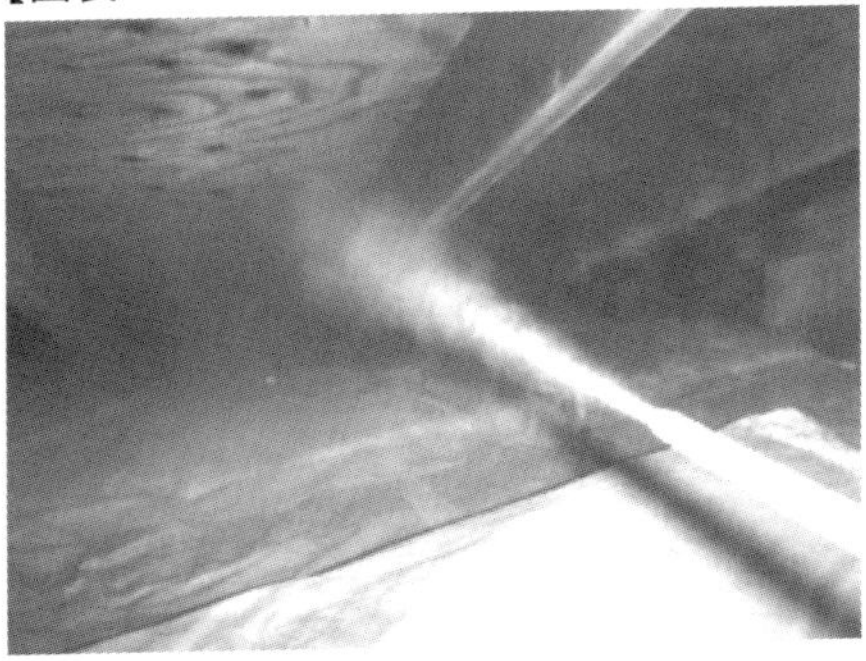

【図表41　ボレイトスティック®を挿入】

【動画⑯　ボレイトスティック®】

4　受賞

ボロンdeガード®は、家族の健康とマイホームの健康を両立させる防腐防蟻処理として評価され、次のようなたくさんの賞をいただきました。
すべての賞において、防腐防蟻処理としては初めての受賞です。

グッドデザイン賞

公益財団法人日本デザイン振興会が主催する〝形のあるなしにかかわらず、人が何らかの理想や目的を果たすために築いたものごとをデザインととらえ、その質を評価・顕彰〟する制度です。

2018年、ボロンdeガード®が防腐防蟻処理として、ボレイトシール®が防蟻シーリング材として、初受賞しました。

【図表42　グッドデザイン賞】

GOOD DESIGN AWARD
2018年度受賞

【図表43　受賞祝賀会にて】

（2018年10月31日・グランドハイアット東京）

ウッドデザイン賞

株式会社ユニバーサルデザイン総合研究所が林野庁補助事業として主催する〝木のよさや価値を再発見させる製品や取組みについて、特に優れたものを消費者目線で評価し、表彰する新しい顕彰制度〟です。

２０１８年、ボロンｄｅガード®が、防腐防蟻処理として初めて受賞しました。

【図表44　ウッドデザイン賞】

JAPAN WOOD DESIGN
AWARD 2018

【図表45　表彰式にて】

（2018年12月6日・東京ビッグサイト）

キッズデザイン賞

特定非営利活動法人キッズデザイン協議会が主催する〝子どもや子どもの産み育てに配慮したすべての製品・サービス・空間・活動・研究を対象とする顕彰制度〟です。

２０１９年、ボロンｄｅガード®が、防腐防蟻処理として初めて受賞しました。

【図表46　ギッズデザイン賞】

KIDS DESIGN
AWARD 2019

エコプロアワード

一般社団法人サステナブル経営推進機構が主催する賞です。

「経済のグローバル化やパリ協定の発効、ＳＤＧｓの制定など社会経済を取り巻く状況の変化を視野に入れ、日本市場において事業者、消費者、投資家、さらには市場関係者に評価が高く、具体的に優れた環境配慮が組み込まれた製品、サービス、技術、ソリューション、ビジネスモデルといった案件を表彰することによって、これらのさらなる開発・普及の促進を図り、持続可能な社会づくりに寄与することを目的に表彰を行う」ために設けられた制度です。

２０１９年、ボロンｄｅガード®が、防腐防蟻処理として初めて奨励賞を受賞しました。

【図表 47　エコプロアワード】

【図表 48　表彰式】

（2019年12月5日・東京ビッグサイト）

ソトコトＳＤＧｓアワード２０２２シルバー賞

未来をつくるＳＤＧｓマガジン『ソトコト』が主催する賞です。

空気を汚さないので誰一人取り残さずに住む人や施工する人などすべての人の健康を守り、効果が長期間持続することで住み続けられる、ＳＤＧｓ時代のウェルビーイングな木材高耐久化処理であるとして評価していただきました。

グッドデザイン賞審査委員評価

・ボロンｄｅガード®

「気密性の高い高断熱住宅においても、防腐防蟻に有効なホウ酸を高濃度に処理することができる。その効果や安全性を担保するため、同社責任施工で保証期間も長く、近年増えつつある蟻の外来種への対策としても建物全棟へ容易で安価に施工できる点が優れている。また、同社製品「ボレイトシール」との併用で、さらに高い防蟻効果を得られる点も評価したい」。

・ボレイトシール®

「この製品は、建築部材の隙間から内部への白蟻侵入そのものを防ぐことを目的としている。油性シーリング材へホウ酸を配合する新たな製法により材がいつまでも硬化しないため、防蟻効果の長時間維持だけでなく、建物の振動や部材収縮などにも柔軟に追随することができる点が優れている。さらに、市販のコーキングガンで必要箇所に容易に施工できる点や、長期間硬化しないため材の長期保存が可能という点も、経済性・汎用性に優れており画期的な製品である」。

エコプロアワード奨励賞評価

エコプロアワード選考委員である一般社団法人サステナブル経営推進機構の石田秀輝理事長に、受賞の理由を伺いました。

5 受賞イベント

グッドデザイン賞を受賞したことで、たくさんの方から祝福のお言葉をいただきましたが、併せて必ずといっていいほど「よく応募しようと思ったね」と言われました。ボロンdeガード®は〝見えない〟ので、デザイン賞などとは無縁であろうと。

【動画⑰ 受賞の理由】

木造住宅建築家として不動の地位を確立されている伊礼智さんと、茨城・つくば市で性能とデザインを両立されている株式会社柴木材店の柴修一郎社長との座談会にその答えがありそうです。

座談会

「新しいプロダクトによるWin―Winの関係」

この様子はYouTubeでもご覧いただけます。

●採用理由は

浅葉：今回は、建築家の伊礼智さんと柴木材店の柴社長をお迎えし、お話を伺いたいと思います。どうぞよろしくお願いいたします。今回受賞したのは、ホウ酸防蟻処理の「ボロンdeガード®」と、ホウ酸防蟻気密シーリング材「ボレイトシール®」の2つの商品です。

伊礼・柴：おめでとうございます。

浅葉：ありがとうございます。受賞できたのはお2人をはじめ、日ごろご愛顧いただいている皆様のおかげです。今回の座談会に当たり、あらためてお2人との関係を振り返ってみたところ、伊礼さんとは2010年に事務所に伺ってホウ酸の説明をさせていただいて以降のお付合いになります。ホウ酸の認定が取れたのが2011年の9月ですから、当時はまだ認定される前だったわけですが、伊礼さんにはそれ以降標準的に採用していただいています。そして、伊礼さんとの出会いを経て、柴さんとは2012年のi―works 1.0の1棟目のモデルハウスからのお付合いになります。伊礼さんやi―worksで標準採用していただいたことが、その後、多くの工務店さんに使っていただくきっかけになったわけですが、あらためてお2人から採用していただいた理由をお聞きしたいと思います。

伊礼：独立して最初の現場が事務所から近かったので、心配でよく見に行っていたんです。当時は薬剤による防蟻処理しか方法がなくて、現場に行って30分もしないうちに気持ちが悪くなってしまって、そのときの印象が強く残っていました。それと、私は空気集熱式のソーラーをよく採用するんですが、その場合は床下も室内と考えるので、床下に薬剤処理はできないんです。処理しないという手もあるんですが、いくらシロアリに強い材種だからといって安心はできないので、何かもう一手ないものか、いつも気にしていたんです。そんなときに浅葉さんと出会ってお話を伺い、これだと思いました。ホウ酸処理が世界では標準であることや業界の裏話など、とにかく浅葉さんのお話がすごくよかったですね。よいと思ったらまずやってみる。いつもそうですが、やってみなくてはわかりませんからね。以降、ずっと使わせてもらっています。

【図表49　建築家・伊礼智さん】

浅葉：実際に使ってみて、工務店さんはどんな反応でしたか？

伊礼：工務店さんって、今までと違うやり方をするのを嫌がるところがあるので、どうかと思ったんですが、心配という声もないですし、皆さん、あたかもこれまでやってきたかのように、全く違和感なくスムーズに取り入れてくれています。

浅葉：そうですか。柴さんは、i―worksのモデルハウスから採用していただいていますが、実際に使ってみての印象や住まい手さんの声などはいかがですか？

柴　：私どもも伊礼さんが仰っていたように、OMソーラー（空気集熱システム）を採用していましたので、床下に薬剤処理はできないというのが前提でした。なので、こんな方法があったのか！　という印象でした。日本ではまだ新しい方法だけれども、世界では標準になっているというお話など、やっぱり浅葉さんのお話がとても理に適っていると感じましたし、浅葉さんから聞いたお話をそのままお客様にしても、同じように理に適っていると感じてくださいます。モデルハウスで採

【図表50　柴木材店・柴修一郎さん】

用して以降、弊社では全棟ボロンdeガード®を標準採用していることがお客様にとっても安心につながっているように思います。ボロンdeガード®は5年更新の最長15年の保証がありますが、ちょうど採用しはじめた頃のお客さまが更新の時期を迎えていて、弊社の5年点検と併せて防蟻の点検もさせてもらっています。ほとんどのお客様が更新されていますから、そのことからもホウ酸処理に対する理解があることを実感していますし、こういうことをＷｉｎ―Ｗｉｎの関係というのだろうと思いました。よい商材を提供してくださり本当に感謝しています。

浅葉：最上級の誉め言葉をありがとうございます。本当に嬉しいです。今回受賞したボロンdeガード®もボレイトシール®も形のないものです。ボレイトシール®なんてどこから見ても普通のコーキング材と同じカートリッジですよね。じゃあなぜ形がなく、意匠が優れているわけでもないものがグッドデザイン賞を受賞できたのかというと、まさにお2人がお話しいただいた〝新しいプロダクト〟が提供した〝Ｗｉｎ―Ｗｉｎの関係〟ということだと感じていま

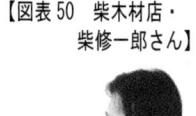

す。ボロンdeガード®は、高気密・高断熱の住宅でも高濃度のホウ酸を責任施工で提供することではじめて長期の保証を実現することができました。しかも、ボレイトシール®を併用することで、さらに防蟻効果が高まることも評価のポイントになりました。建築家の方、工務店さん、そしてその先にいる住まい手の皆さんのそれぞれが喜んでくださっている、提供している私たちも含めたWｉｎ—Wｉｎの関係が評価されたのだと思っています。今、お2人からお話を伺ってあらためて実感しました。

【図表51　浅葉】

●見えないところまで気を遣うのがこれからのグッドデザイン

浅葉：実はボレイトシール®は、2018年の8月に特許も取得していますが、何が新しいかというと油性コーキング材にホウ酸を配合したということなんです。一般的なコーキング材は、主成分である変性シリコーンが空気中の水分に反応して固まる性質（湿気硬化）を利用しています。ホウ酸には水分子が含まれているので、配合するとカートリッジの中で硬化してしまい、コーキング材としては使えなくなってしまいます。いろんなコーキング材メーカーさんがホウ酸の配合を試みたわけですが、なかなかできなかった理由です。ところが、油性であればいつまでたっても固まりません。空気に触れる表面は固まりますが、中は柔らかいままです。そして、柔らかいままということは、多少の動きであれば追従するので、コーキング材として大変都合がよいわけです。

そのあたりの新規性がグッドデザイン賞でも評価されたわけです。

伊礼：形のないもの、目に見えないものがグッドデザインとして評価されたのは、本当に面白いことですよね。私は、長年、空気集熱式ソーラーに関わってきましたが、住宅を設計するときの考え方として、よく「見えない熱と空気をデザインする」という言い方をしてきました。目に見えないけれど、心地よさを考える上でとても大事なことです。熱や空気だけでなく、肌触りといった触感なども、目に見えないけれど快適ということです。見えないものをデザインするということがとても重要で、その点が評価されたのは、大きな意味があるように思います。見えないものまでどれだけ気を遣うことができるか、それが本物のデザインだと思いますね。

浅葉：このモデルハウスも2013年にグッドデザイン賞を受賞されていますよね。もちろん、目に見えるデザインも素晴らしいのですが、評価されたのはそこだけではなかったわけですよね。

伊礼：そうです。家づくりの仕組みやあり方、建築家が工務店やメーカーと一緒になって取り組んでいるという点が評価されたのだと思います。仕組みって目に見えないですけど大事ですよね。見えないものをデザインするという点が、これからのデザインの肝になっていくのではないでしょうか。表面的なデザインだけでは、これからは評価されないでしょうね。

浅葉：こうしたデザインが社会にどう影響していくのかとか、どういう人がどういうものを生んでいくのかなど、プロセスを含めたデザインということですね。

伊礼：一過性ではなく、永続性があるとか、長持ちするということもデザインの大事な要素になっていくでしょうね。

浅葉：そういえば、評価の中には汎用性や高価ではないという点も含まれていました。市販のカートリッジがそのまま使えることや、固まらないので最後まで使い切れること、長期保存できることなども大事な指標になっているのだと感じました。ボロンｄｅガード®事業を進める上で、お２人との出会いが大きな追い風となり、大変感謝しています。この事業が拡がれば拡がるほど、多くの方に喜んでいただけることを信じて、これからも頑張っていきますので、今後ともよろしくお願いいたします。本日は、本当にありがとうございました。

※この座談会は、表紙にも使わせていただいた、ｉ―ｗｏｒｋｓ１．０柴モデルで行われました。

【図表 52　記念撮影】

【図表 53　ｉ-ｗｏｒｋｓ １．０ 柴モデル】

設計：有限会社伊礼智設計室
施工：株式会社柴木材店

【動画⑱　座談会】

グッドデザイン賞、ウッドデザイン賞受賞記念パーリー

２０１８年12月6日（金）は、浅葉にとって忘れられない1日となりました。

午前中は、東京・有明の東京ビッグサイトで開催されたウッドデザイン賞授賞式に参加しました。

午後は、その足で、東京・神保町の学士会館へ移動。夕方からは、「グッドデザイン賞受賞記念パーリー」です。

座談会でもお世話になった伊礼智さん、柴修一郎さんをはじめ、全国から施工代理店さん、工務店さん、設計事務所さん、建材メーカーさんなど、たくさんの方々が駆けつけてくださいました。

荒川先生のご挨拶と浅葉のご報告から始まり、建築家・丸谷博男さんからご祝辞をいた

【図表54　建築家・丸谷博男さん】

【図表55　建築家・伊礼智さん】

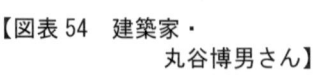

【図表57　荒川民雄先生】

【図表56　俳優・ダンテ・カーヴァーさん】

【図表58　中里一雄さん・真澄さんご夫妻】

だき、伊礼さんの乾杯のご発声でパーリー開始！

2時間あまりでしたが、それはそれは夢のような感謝感激の時間でした。浅葉は、あの日のことは一生忘れないでしょう。

【図表59　記念撮影】

【コラム】米国大使館、リオ・ティント社後援セミナー

特定非営利活動法人ホウ素系木材保存剤普及協会というNPOがあります。２００８年の設立当初は、ホウ酸系防腐防蟻薬剤の認定を目指して活動していましたが、２０１１年に認定されてからは、主に普及活動を行っています。

設立から理事長を務められた荒川先生の後を、２０１９年に浅葉が引き継ぎました。最初の大仕事は、米国大使館とリオ・ティント社（ホウ酸素材メーカー）の後援をいただいた全国セミナーです。

２０１９年11月18日の福岡会場を皮切りに、19日に大阪会場、22日に東京会場で開催しました。

講演内容は、次のとおりです。

①　世界の木材保存市場におけるホウ素系木材保存剤の動向／Ａｌｌｅｎ Ｚｈｅｎｇ
②　二重真空法によるプレカットのティンボア防腐防蟻処理／荒川民雄
③　ティンボアを用いたアメリカカンザイシロアリの防除／浅葉健介

3会場とも満席と、たくさんの方にご参加いただきまして、さらに東京会場では米国大使館商務担当参事官のご挨拶もあったりと、アメリカの本気さも伝わったようです。

千秋楽を終えた懇親会でのことだったと思いますが、リオ・ティント社の方に「日本でのホウ酸処理普及のボトルネックは何か？」と訊かれました。浅葉は、本書で書いたようなことをお話した

【図表 60　荒川先生の講演】

のですが、あきれていましたね。

米国では、殺虫剤は米国環境保護庁（U.S.EPA）に登録され、使用用途についても厳密に定められています。新築時の〝虫のいない木材〟に予防的に使用できるのは、ホウ酸と一部柑橘類に限られています。

日本で一般的に行われているような農薬系防腐防蟻薬剤を予防的に木材に使用することは、米国では許されていません。

日本でもいつかそうなるといいのですが。

第5章　ながいき住宅™Q&A

さてさて、最後の章は、これまでにお寄せいただいた質問を中心に、Q＆A方式でまとめていきたいと思います。

これをお読みいただくことで、さらに理解が深まっていくことでしょう。ここにないご質問は、YouTube「ながいき住宅™のレシピチャンネル」でご確認いただくか、日本ボレイト公式ＬＩＮＥまでお寄せください。

1　シロアリQ＆A

Q：シロアリと羽アリはどう違うのですか。

A：羽アリは、シロアリの成虫です。

シロアリというと、白い小さなアリのような生き物がうじゃうじゃーというイメージですが、あれは働きアリで、幼虫です。働きアリは、その巣の90％ほどいて、ほとんどが働きアリのまま一生を終えますが、一部だけが成虫である羽アリに分化して飛んで行き、生き残ったペアが王と女王になります。

Q：羽アリがたくさん飛びましたが、巣のシロアリ全部がいなくなったのでしょうか。

A：残念ながら、飛んで行ったのはほんの一部です。

飛んで行った羽アリは、その巣のほんの数パーセント。ほとんどの個体は残っています。羽アリが出たということは、その巣が相当充実しているということなので、家の中でたくさん発生したのであれば、全国の安全なシロアリ駆除業者「シロアリポリス®」まですぐにご連絡ください。

※シロアリポリス®…https://shiroari-police.com/

Ｑ：家の中で見慣れない虫を見つけました。どうしたらいいですか。

Ａ：「この虫しろあり？」まで写真を送ってください。

家の中で変な虫を見かけたら、スマホで写真を撮って、日本ボレイト公式ＬＩＮＥ「この虫しろあり？」に送ってみてください。虫の判定や対策などのアドバイスが送られてきます。無料ですよ！

Ｑ：庭の植栽にシロアリがいました。家にもいますか。

Ａ：家にもいるとは限りません。

庭にいたからといって、家屋が被害に遭っているわけではありません。ただし、定期的にマイホームの健康診断（床下調査）はしたほうがいいですね。

Ｑ：シロアリとアリの羽アリの見分け方を教えてください。

Ａ：次の３点で見分けてみてください。

シロアリが白いまま羽アリになればわかりやすいのですが、黒や茶色になって飛ぶので、見慣れていないとわかりづらいですよね。羽アリを見かけたら、「触角」「羽」「胴体」の３点で見

【図表61　羽アリの見分け方】

シロアリ		クロアリ
数珠状にまっすぐ	触角	くの字に折れている
4枚とも同じ大きさ	羽	前の2枚が大きい
すんどう	胴体	くびれている
ゴキブリの仲間	祖先	ハチの仲間
あり	木材への食害	なし

分けてみてください。それでもわからなければ、日本ボレイト公式LINE「この虫しろあり?」まで写真を送ってください。

Q：シロアリの種類によって、被害が違うのでしょうか。

A：概ね、次のようなイメージに別れます。

■ヤマトシロアリ（地下シロアリ）…雨漏りや水漏れ、結露などで腐っている木材周辺を食べることが多いです。土壌に近いほうの木材が被害に遭いやすいですが、2階まで及ぶケースもあります。

■イエシロアリ（地下シロアリ）…土壌に近いほうの木材が被害に遭いやすいですが、水を運ぶ能力に長け、乾いた木材でも濡らしながら食害するので、被害はあっという間に2階まで進行します。

■アメリカカンザイシロアリ（乾材シロアリ）…土壌に生息しておらず、乾燥材を好むので、土壌の近くにいる必要がなく、被害は家全体に及びます。たくさん巣をつくられてしまうと駆除は困難を極めます。

2　ホウ酸処理Q&A

Ｑ：薬局でも「ホウ酸」や「ホウ砂」が売られていますが、それを溶かして処理できませんか。

Ａ：現実的ではないと思います。

薬局で売られている洗眼用のホウ酸やホウ砂は、水に溶けづらく、常温で５％程度しか溶けません。それだと充分な防腐防蟻性能を発揮させるためには、何回も何回も処理をする必要があり、現実的ではないと思います。

日本ボレイトが運営している「ボレイトショップ」では、ＤＩＹで使えるホウ酸も販売していますので、ぜひ1度覗いて見てください。

※ボレイトショップ…https://store.borate.jp/

Ｑ：ボロンｄｅガード®と、他のホウ酸系防腐防蟻薬剤との違いは。

Ａ：ボロンｄｅガード®は、施工まで行います。

ボロンｄｅガード®は、「工法」です。ホウ酸処理のプロフェッショナルであるホウ酸施工士®が、新築や既築物件に対し、ホウ酸系防腐防蟻薬剤「ティンボア®ＰＣＯ」やホウ酸防蟻充填剤「ボレイトシール®」「ボレイトフィラー®」などの「材料」を使って、雨対策まで含めた「責任施工」で提供するホウ酸処理です。

他のホウ酸系防腐防蟻薬剤は、「材料」です。

Q：ボロンｄｅガード®では、なぜ他のホウ酸系防腐防蟻薬剤を使わないのですか。

A：高くなることと、安全性からです。

多くのホウ酸系防腐防蟻薬剤は、「ティンボア®ＰＣＯ」を利用してつくられています。その二次製品を購入して施工をすると、当然材料代が高くなってしまいます。

また、ホウ酸系防腐防蟻薬剤の中には、エチレングリコールなどの成分が入っているものがあります。

エチレングリコールは、口からだけでなく皮膚からも吸収され、体内で代謝を受けると毒性化します。

Q：ホウ酸処理のデメリットは。

A：雨に弱いということです。

ホウ酸は、水溶性なので、雨に対するケアがとても重要です。雨対策をしないホウ酸処理は、まさに「画竜点睛を欠く」ことに他なりません。

ホウ酸処理の方程式↓ホウ酸処理液濃度×処理量×雨対策

Q：ボロンｄｅガード®をお願いするとおいくらぐらいですか。

A：新築・既築とも、フルセットで、延床面積1坪当たり1万円ほどとお考えください。

新築の場合、あらゆる木材をホウ酸コーティングする全構造材処理で、延床面積1坪当たり

1万円ほど。

既築の場合も、調査＋床下への水溶液処理＋小屋裏などへのホウ酸ダスティング®処理のフルセットで、延床面積1坪当たり1万円が目安です。

Ｑ：新築時に合成殺虫剤で処理してあると思うんですが、５年後の再処理のタイミングでホウ酸処理に切り替えても問題ないですか。

Ａ：もちろん問題ありません。

全く問題ありませんし、むしろ住まいながら床下に合成殺虫剤処理を行うことはおすすめできません。

Ｑ：自宅の近くで新築工事が始まるのですが、防蟻をホウ酸に変えてもらうことはできるのでしょうか。

Ａ：現場監督さんに相談してみてください。

最近多いお問い合わせです。

特に薬剤に敏感な方は、自宅の近くで新築が始まると現場監督さんに工程を確認して、防腐防蟻のタイミングで避難されるケースが少なからずあるようです。

ご自分の家ではないので、ホウ酸処理への変更をお願いしてもなかなか応じてくれないことが多いようですが、「変更してくれた」というお話も実際に聞いています。まずは諦めずに、現場監督さんに相談されるのがベストだと思います。

3　これから建てるマイホーム（新築）Q&A

Q：べた基礎と防湿コンクリートはどちらがいいですか。

A：シロアリリスクの観点からは、べた基礎です。

シロアリリスクから見れば、べた基礎のほうが安全です。ただし、べた基礎でも、シロアリが侵入できる穴が開いていますので、「ボレイトシール®」や「ボレイトフィラー®」で塞ぎ、1次防蟻を完成させることを忘れないようにしましょう。

Q：床下の断熱はどこで取るべきですか。

A：浅葉なら、1次防蟻を徹底した基礎内断熱か、換気口にメッシュをつけた床断熱にします。

これは、とても多く寄せられるご質問です。しかし、建てる地域によりますし、建物全体で考えなければならないので、なかなか一概にはお答えできません。

一般的には、地下シロアリリスクの大きさは、

基礎外断熱＞基礎内断熱＞床断熱　であり、

乾材シロアリリスクの大きさは、

床断熱＞基礎外断熱＝基礎内断熱　です。

両方を勘案し、あえて答えを出すならば、次の2つかなーと浅葉は考えます。

・1次防蟻を徹底した基礎内断熱。
・床下換気口にメッシュ等をつけ、床下に乾材シロアリの羽アリを入れない床断熱。

Ｑ：基礎外断熱はぜったいにＮＧですか。

Ａ：基礎外断熱もやり方次第では「あり」です。
浅葉の考える「あり」な基礎外断熱は、
・ホウ酸ＥＰＳ（パフォームガード®（ＰＧ）／東北資材工業）を使う。
・基礎と同時打込みとする（後張りにしない）。
・型枠にＰＧを並べる際には、ＰＧ同士の突合せにボレイトシール®をたっぷりと入れ、隙間をつくらない。
・できればＰＧ天端に笠木を設置する。
基礎の内側と外側にＰＧを使い、笠木も設置する基礎断熱工法「タイト・モールド」（司コーポレーション）もおもしろい工法だと思います。

Ｑ：基礎の外からもシロアリは入ってきますか。

Ａ：入ってきます。
基礎の外側に蟻道を伸ばして入ってくるケースも多々あります。特に、エアコン室外機やヒートポンプ給湯器の裏など、日光が当たらず空気もあまり流れないようなところは、ちょこちょこチェックが必要です。

また、基礎の外側に化粧モルタルを塗ることが一般的ですが、その化粧モルタルと基礎コンクリートの間にできた隙間からもシロアリは侵入してきます（図表62）。

特に、基礎出隅の化粧モルタルの下地となる定木と基礎コンクリートの間の隙間は侵入経路となりますので、定木は「ボレイトシール®」を使って隙間をつくらないように設置しましょう。

Q：外壁に通気層を設ける場合、羽アリが入ってきませんか。

A：入ってきます！

実際に、アメリカカンザイシロアリの羽アリが入ってしまい、中にある通気胴縁という木材を食べてしまう被害が多発しています。こうなると駆除は困難を極めますので、外壁通気層の入口に防虫部材を設置すべきです。

【図表62　基礎出隅と定木の隙間からの侵入】

検証した結果、軒天換気部材「イーヴスベンツ®」（日本住環境）をおすすめしています。「防虫ベンツ」という製品もあるのですが、それだとアメリカカンザイシロアリの羽アリを防ぐには穴がちょっと大きいんです。

Q：壁の断熱材でおすすめはありますか。

A：結露が生じづらいという観点から、セルロースファイバーがおすすめです。

外壁の充填断熱材で気をつけなければならないのは、施工不良による断熱欠損です。壁の一部にでも断熱材がない部分があれば、冬場に室内の暖かく湿った空気が壁の中に入ってしまうと、外壁で冷やされ結露します。この結露水が木材を腐らせ、シロアリを呼びますので要注意です。断熱欠損が生じづらい断熱材として、セルロースファイバー（ＣＦ）があります。ＣＦは、新聞紙を綿状にした断熱材で、壁の中に隙間なく充填できます。日本ボレイトが業務提携させていただいている株式会社デコスの「デコスファイバー」は、ＣＦのプロフェッショナルによる責任施工ですので、信頼できます。

また、ＣＦは、難燃性を持たせるために、ホウ酸・ホウ砂が入っています。日本ボレイト埼玉事業所でもデコスファイバーを採用していますが、断熱性能はもちろん、浅葉は特に吸音性能が気に入っています。

Ｑ：外壁の防水について気をつけるべきことは。

Ａ：透湿防水シートはタイベック®を。

屋根や外壁など、雨水に直接当たる防水ラインを「1次防水」、もし1次防水が切れて雨水が侵入してしまったときの防水ラインを「2次防水」と言います。1次防水は、きちんとした施工と定期的なメンテナンスが重要ですが、2次防水で使う部材にも注意が必要です。

透湿防水シートという、湿気は通すけど水は通さないシートがあります。建築現場が紙でぐるぐるに巻かれているのを見かけたこともあるでしょう。この透湿防水シートは、何年か後にやり直すことは困難ですが、中には数年でボロボロになってしまうようなものもあるようです。つまり、新築時に何を選ぶかがとても重要です。浅葉は、タイベック®（旭・デュポン フラッシュスパン プロダクツ）をおすすめしています。タイベック®は、他の透湿防水シートと異なる製法でつくられており、長持ちします。

Q：「これはやっておけ」というのは。

A：耐震シミュレーションは、絶対にやるべきです！

まだ意外に知られていないのですが、ｗａｌｌｓｔａｔ®（ウォールスタット、一般社団法人耐震性能見える化協会）というソフトが秀逸です。このソフトを使うと、図面上の建築物に任意の地震動を当て、コンピュータの中で揺らすことができます。しかも、阪神淡路大震災の２倍など、大きな揺れも検証することができます。

これまでは、防災科学技術研究所のＥ―ディフェンス（兵庫県）で、実大振動台実験機を使って実際の建築物を揺らして検証していました。しかし、これには相当な費用と時間がかかるため、一部の大手ハウスメーカーが利用するだけで、工務店にはとても利用できる代物ではありません。

しかし、このｗａｌｌｓｔａｔ®は、何度でもとことん揺らすことができるので、これからの家づくりには必須だと思います。

新築を建てる際には、住宅会社に必ず「ｗａｌｌｓｔａｔ®で揺らしてください」と依頼しましょう。もし対応していないようでしたら、一般社団法人工務店フォーラムで対応してもらえますので、お問合せしてみてください。

4　今お住まいのマイホーム（既築）Q＆A

Ｑ：シロアリ被害は家のどこでわかるのでしょうか。

Ａ：いくつかご紹介します。

①　羽アリがたくさん飛ぶ…ゴールデンウィーク前後から飛び始めるシロアリの羽アリに注意しておいてください。

②　羽がたくさん落ちている…羽アリが飛ぶと、羽がたくさん落ちます。羽アリを見かけなかったとしても、薄い羽がたくさん落ちていたら、シロアリの羽アリが飛んだ後かもしれません。

③　柱や床板、壁に穴が開く…シロアリは、木部の薄皮1枚を残しますが、生活の振動などで穴が開き、被害に気づくケースがあります。

④　隙間などに土がつく…シロアリは、空気の流れを嫌がり、隙間があると蟻土《ぎど》と呼ばれる土で埋めます。「何でこんなところに土があるんだろ？」は、シロアリのサインかもしれません。

⑤　床がぶかぶかする…和室やクッションフロアの床がぶかぶかしていたら、もしかしたら床を支えている木材が食われているのかもしれません。

Ｑ：シロアリ被害は、前述のような状態にならないとわからないものでしょうか。

Ａ：調査で発見することができます。

シロアリは、マイホームの「がん」と言われています。前述の症状が出ていなくても、健康診断をすることで早期発見することができます。被害が広がらないように、5年に1度ぐらいのタイミングで、床下などを調査することをおすすめします。

Q：床下調査を無料でやる業者と有料でやる業者。どちらを選ぶべき。

A：有料（適正価格）でやる業者です。

人が動くわけですから、原価がかかっています。なぜそれを無料でやるのか。それは、その後の工事を受注するためです。工事を受注するための「無料調査」なので、調査の結果全く問題がなかったとしても、工事の必要がなかったとしても、必ず工事まで推してくるはずです（慈善事業であれば別ですが）。もし、無料調査だけで会社に帰ったら、調査員は怒られるでしょうね。「お前給料いらないのか？」って。

調査費5万円ぐらいであれば、丁寧に調査をしてくれるでしょうし、調査のみで工事を断ってもトラブルにならないでしょう。また、その後に工事をお願いするとしても、調査費用を含めてくれるのが一般的なので、どのみち損することはないと思います。

Q：悪徳業者の被害に遭わないためには。

A：「数社、相見積りを取ります」と伝えましょう。

お恥ずかしい話、この業界には、まだまだ悪徳業者が跋扈しています。現に、日本ボレイトが40万円ほどのお見積りをお出ししたお家（1階床面積40坪ほど）に、なな何と250万円の見積りを出していた業者がいます。しかも、その見積書は、某ホームセンターのものでした。つまり、ホームセンターに調査を頼んだら、下請けのシロアリ防除業者が調査に来て、不必要な工事満載の見積書を出してきたのです。このお宅のようにホームセンターだけでなく、２社目の見積りを取れば、リスクを回避することができるわけです。この業者、もちろん無料調査でした。

Ｑ：シロアリ被害を放置してしまったらどうなりますか。

Ａ：被害は進行し、駆除はどんどん大がかりになってしまいます。

シロアリは、条件が合わなくなればいなくなることもあります。しかし、それに掛けるのは危険過ぎます。早期発見に努め、シロアリ被害を見つけたら、なるべく早く駆除することが肝心です。

Ｑ：シロアリ被害に遭うと自宅の修繕にどれくらいお金がかかるのですか。

Ａ：ケースバイケースです。

シロアリ被害に遭うお家に2つと同じケースはありませんので一概には言えませんが、駆除費用は大体次のようなイメージかと思います。

・ヤマトシロアリ：10万円〜
・イエシロアリ：30万円〜
・アメリカカンザイシロアリ：80万円〜

これに、外壁や内壁、床の開口などがプラスされます。しかし、これらはあくまで一般論です。きちんと調査をしてもらい、方針を決め、見積りをもらうようにしてください。

Q：5年に1回の床下防腐防蟻処理は必要ですか。

A：必要ありません。

5年に1回、床下に、住まい手の体に悪影響を及ぼす恐れがある薬剤を撒くのは反対です。住宅の条件によりますが、ホウ酸処理を行い、5年に1回定期検査をしていく。これが安全にマイホームを長持ちさせる秘訣だと考えます。

Q：やってはいけないことは。

A：いくつか挙げてみました。

■腐朽・シロアリリスクが高くなること

・庭の枯れ木を残しておくこと。

枯れ木や切り株があると、すぐにシロアリがやってきます。枯れ木は、木造住宅などがない大昔からシロアリの重要な餌です。お庭の枯れ木にシロアリがいたからといって家屋に被害があるわけではありませんが、なるべく寄せ集めないようにしたい。業者さんに抜いてもらうことをおすすめします。

・土壌に木材や紙をつけたり近づけたりすること。

シロアリは、餌を求めて土壌をさまよっています。そこに木材や紙があれば、シロアリが集まってきてしまいます。

・マイホームの健康診断を怠ること。

シロアリは、住宅の「がん」。音もなく忍び寄り、どんどん進行します。少なくとも5年に1回はマイホームの健康診断を行いましょう。シロアリ被害を早期発見できれば、何も怖いことはありません。

・玄関に水を撒いて掃除すること。

ユニットバスが普及して、シロアリ被害の中心は浴室から玄関に移りました。玄関は、そのつくり方から、シロアリ被害にとても遭いやすいんです。そこに水を撒いてしまうと、ドア枠の隙間などから水が浸み込んでいき、シロアリを呼び寄せることになります。

・古い在来浴室のままにしていること。

古い在来浴室を解体すると、たいてい腐っていたりシロアリがいたりして、柱や土台がぼろぼろになっています。これは、在来浴室の場合、タイルの目地から水が漏れたり、暖かかったりと、木材腐朽菌（キノコ）やシロアリを呼び寄せ、活発に活動させるのに最適なつくりになっているからです。なるべく早くユニットバス（水が漏れない）にリフォームすることをおすすめします。ユニットバスを入れる前にはホウ酸処理を忘れずに。

■健康リスクが高くなること

・床下の合成殺虫剤処理

「家族全員、体は頑強だし、5年ごとに数十万円払っても全然ＯＫ！」という方以外は、やめておきましょう。安い見積り提示にご用心を。

「ながいき住宅™のレシピ」について、ご理解いただけたでしょうか？　浅葉にとって初めての書籍となりますが、お読みいただく皆さんのマイホームが少しでも長持ちすればと、一生懸命に書かせていただきました。あとは、YouTubeに最新情報をどんどんアップしていきますので、そちらで情報を更新していただければと思います。

「大切なことは、目にみえない」

「星の王子さま」（サン＝テグジュペリ）の中で王子さまがキツネに教わる言葉で、作品の重要なテーマです。愛や思いやり、絆など、大切なことは心でしか見ることができない。改めてすてきな言葉です。

浅葉は、マイホームも同じだと思うんです。「星の王子さま」の主旨とは異なりますが、マイホームが完成した後に見えなくなってしまうところは、直そうと思ってもなかなか直せません。

木材、断熱材、気密部材、透湿防水シート、防腐防蟻剤、そしてそれらの施工。はっきり言ってしまえば、見えなくなるところはいくらでも手が抜けるのです。

本物を選ぼう！

日本ボレイトが仲よくさせていただいている建材メーカー各社は、このコロナ禍でも選ばれ続けています。それはなぜなのか。

これまでは、テレビＣＭを打つことができる大手建材メーカーの建材しか選択肢がありませんでした。しかし、今では中小建材メーカーでも、YouTube などで情報を発信することができるようになり、かつ、住まい手の方々が積極的に情報を取りにきてくださるようになった。要は、「住まい手のメリットになる建材」が選ばれるようになってきたからだと考えています。

YouTube には、様々な情報が溢れています。「太陽光パネルを乗せちゃいけない！」と言っている動画もあれば「太陽光パネルを乗せない選択肢はない！」と言っている動画もあります（まさか「合成殺虫剤処理がいい！」といっている動画はないと思いますが）。情報を取るときには、その真贋を見極める目も大切になってきています。

ロングライフハウス™グループ

「ロングライフハウス™グループ」は、マイホームを長持ちさせるための建材メーカーらが集まり、様々な情報を発信しています。参加企業は、どれも「本物」だと、各々がそれぞれを認め合っています。

YouTube で情報を探すときには、ロングライフハウス™グループ参加企業を中心に観ていただければ、間違いないと思いますよ！

※ロングライフハウス™グループ参加企業（２０２１年９月現在）

日本住環境株式会社（通気・気密・換気）／一般社団法人工務店フォーラム（耐震）／日本ボレ

イト株式会社（防腐・防蟻）／旭・デュポン フラッシュスパン プロダクツ株式会社（防水）／株式会社デコス（断熱）／旭化成建材株式会社（断熱）／株式会社タニタハウジングウェア（防水）／アイディールブレーン株式会社（免震・制震）

マイホームを長持ちさせよう！

言うまでもありませんが、マイホームが30年持つのと、60年持つのと、90年持つのとでは、毎月の負担は、金利を考えれば2分の1、3分の1以上の差がつきます。

マイホームを長持ちさせることは、たとえ収入が変わらなくても可処分所得を増やすので、それだけ豊かな暮らしを送ることができるようになります。

本書がきっかけになって、あなたのマイホームが1年でも1月でも1日でも長持ちするのであれば、それに勝る喜びはありません。

最後までお読みくださいまして、ありがとうございました。


…書きながら思ったんですが、日本ボレイト株式会社を２０１１年10月にスタートして、今年10月でちょうど10年。当時40歳だった浅葉は、50歳になりました。つまり、この書籍は、浅葉の40歳代10年間の仕事の総まとめのようなものなのか。うーん、感慨深い。

次の10年も頑張ります！

２０２１年9月吉日

浅葉　健介

〈参考文献〉

・「シロアリはホウ酸でやっつけなさい！」荒川民雄著、住まいの学校
・「住まいとシロアリ」今村祐嗣、角田邦夫、吉村剛著、海青社
・「シロアリ 女王様、その手がありましたか！」松浦健二著、岩波書店
・「発達障害の原因と発症メカニズム」黒田洋一郎、木村・黒田純子著、河出書房新社

●ながいき住宅™のレシピ

左のＱＲコードからダウンロードして住宅会社との打合せにご活用ください。

あとがき

そもそも何故、僕があとがきを書いているのか。謎だと思います。

以前、知人を介して浅葉さんと食事の席でご一緒したことがありまして、そのときに伺った「日本のシロアリ駆除業界」の話が面白過ぎたからです。

今回の「ながいき住宅」とは、「家族の健康と住宅の健康が両立すること」だそうです。日本の住宅では両立しないいんですって。家族の健康を取ると、住宅（マイホーム）の健康がおろそかになるし、住宅の健康を取ると、家族の健康がおろそかになる。それが今の日本の住宅の現状だそうです。

浅葉さんは、その「家族の健康と住宅の健康」を両立させるために、「ホウ酸処理を日本のシロアリ業界に広めようとしているんです！」と言うのです。それがボロンdeガードだと。

では、何故そんなによいものが、今の今まで日本では普及していないのか？　という疑問が湧きました。その辺の細かい理由は、本書で読んでいただいたと思いますが、単純に「知名度が低い」というのが一番の理由のようです。なので、その知名度を上げる作業のお手伝いをできたら面白いなと思い、現在いろいろと一緒にお仕事をさせていただいています。

その一環として、今回、あとがきを書かせていただきました。

本書をたまたま手にして、たまたま読んだ方、相当ラッキーだと感じているかと思います。知らない良質の情報を、あっさりと手にすることができたのですから。まだこの情報を知らない友人にぜひ教えてあげてください。

今や、ホウ酸信者となった松尾と一緒に布教活動していきましょう。

２０２１年９月

松尾　陽介

松尾陽介　プロフィール

１９７７年愛知県名古屋市生まれ。１９９７年の大学在学中に名古屋吉本ＮＳＣに入学。１９９８年にお笑いコンビ「ザブングル」を結成。それに伴い大学を中退。１９９９年より東京へ進出し「ワタナベエンターテインメント」に所属。２００７年のＭ―１グランプリにおいてファイナリストになる。２００８―２０１４年、キングオブコント準決勝進出。

２０２１年「アメトーーク」の「さよならガチ王」（４月１日放送）を以ってザブングルの解散と芸能界引退。４月からマーケティング支援や案件仲介などを展開する株式会社ＯＭＡＴＳＵＲＩを創業し、同会社の代表取締役社長に就任。

著者略歴

浅葉　健介（あさば けんすけ）

日本ボレイト株式会社　代表取締役。

ホウ酸屋株式会社　代表取締役。

一般社団法人日本ホウ酸処理協会　理事。

特定非営利活動法人ホウ素系木材保存剤普及協会　理事長。

1971年、東京都生まれ。

1994年に産能短期大学を卒業後、会計事務所や建材メーカーなど転職を繰り返したが、2005年、34歳のとき、ついにホウ酸処理と荒川民雄氏に出逢う。その後、荒川民雄氏に師事し、日本に正しいホウ酸処理を広めるために活動している。

プロフィールページ→ https://shiroari-police.com/profile/

ながいき住宅™のレシピ

2021年10月1日 初版発行　2023年3月2日 第2刷発行

著　者　浅葉　健介　© Kensuke Asaba
発行人　森　忠順
発行所　株式会社 セルバ出版
〒113-0034
東京都文京区湯島1丁目12番6号 高関ビル5B
☎ 03（5812）1178　FAX 03（5812）1188
http://www.seluba.co.jp/
発　売　株式会社 三省堂書店／創英社
〒101-0051
東京都千代田区神田神保町1丁目1番地
☎ 03（3291）2295　FAX 03（3292）7687

印刷・製本　株式会社 丸井工文社

Printed in JAPAN
ISBN 978-4-86367-701-2